X

22340

LE

NOMENCLATEUR GREC.

PARIS.— IMPRIMERIE DE Mᵐᵉ Vᵉ DONDEY-DUPRÉ,
rue Saint-Louis, 46, au Marais.

LE
NOMENCLATEUR GREC

OU

LES RACINES GRECQUES

RANGÉES DANS UN ORDRE MÉTHODIQUE.

PAR

A. CHANSSELLE,

PROFESSEUR AU COLLÉGE ROYAL DE BOURGES.

> Totius eruditionis posuit fundamentum,
> qui nomenclaturam rerum naturæ et artis
> perdidicit.
> COMENIUS.

PARIS.

LIBRAIRIE CLASSIQUE ET ÉLÉMENTAIRE DE L. HACHETTE,

RUE PIERRE-SARRAZIN, N° 12.

J. DELALAIN ET Ce, LIBRAIRES, RUE DES MATHURINS, 5.

BENJAMIN DUPRAT, LIBRAIRE, CLOITRE SAINT-BENOIT, 7.

Mme Ve MAIRE-NYON, LIBRAIRE, QUAI CONTI, 13.

1839

PRÉFACE.

Le *Jardin des Racines grecques* est un livre utile sans doute, mais ses nombreux et graves défauts ou inconvénients ne lui permettent pas de rendre tous les services qu'on pourrait en attendre. Déjà plusieurs fois on s'est efforcé de les faire disparaître ; mais comme ils tiennent à la nature même du livre et à son exécution générale, tous les efforts n'ont abouti qu'à les atténuer.

Au premier rang il faut mettre l'ordre alphabétique, qui, à la vérité, peut faire un vocabulaire commode à consulter, mais rend un livre fastidieux à apprendre. Cet ordre, qui, à proprement parler, n'est qu'un désordre véritable, n'offre aucun lien intellectuel qui groupe et réunisse les mots, rien qui aide l'intelligence et la mémoire réfléchie.

Un second inconvénient de ce livre, inconvénient qui, du reste, est un mérite aux yeux de certaines personnes. c'est d'être en vers techniques. Ces vers, dit-on, font apprendre et retenir plus facilement les mots. — D'abord on peut le contester, car le résultat pratique est loin de répondre à l'assertion. De plus, ces vers pitoyables, qui fourmillent de remplissages puérils et souvent même assez niais, offrent, il faut en convenir, un singulier moyen de mnémotechnie et de burlesques *ornements de la mémoire*. Il est vrai que leurs partisans les déclarent d'autant meilleurs qu'ils sont plus mauvais : alors il n'y a plus rien à dire.

Un défaut plus grave encore, c'est que l'exigence des vers donne continuellement de fâcheuses entorses à la signification des mots. Souvent le vrai sens ne se trouve pas dans le vers ; il est alors quelquefois relégué dans les notes, que l'élève ne consulte jamais. Plus souvent encore, les diverses acceptions d'un mot, fausses pour la plupart, ou inexactes, sont presque toujours entassées pêle-mêle et sans discernement ; le sens physique, premier par conséquent et fondamental, ou manque entièrement, ou n'est pas à sa place, et le sens figuré précède le sens propre. Cette confusion, peut-être inévitable dans un ouvrage en vers techniques, en produit une déplorable dans l'esprit des jeunes gens, à l'intelligence desquels une pareille étude est très-préjudiciable.

Outre ces inconvénients capitaux dans un livre élémentaire, le *Jardin* donne comme racines un nombre considérable de mots dérivés, composés, ou qui ne sont évidemment que des variétés d'une même forme fondamentale, sans fournir à l'élève abusé aucun moyen de les discerner. Cela provient sans doute de ce que l'auteur, savant d'ailleurs très-estimable, est parti d'un point de vue mesquin; il n'a considéré que le matériel brut du mot, et pour lui la moindre différence entre deux termes identiques ou analogues de sens et de radical, constitue deux mots absolument différents.

Convaincu que la méthode et l'analogie sont les meilleurs moyens de favoriser la mémoire réfléchie, la mémoire rationnelle, la seule qui mérite des soins et de la culture, et de lui faciliter l'acquisition d'une nomenclature étendue; partant, d'ailleurs, de cette donnée, que le langage n'est que le reflet du monde physique, intellectuel et moral, et de la société, j'ai cru faire une chose utile à la jeunesse de nos écoles en lui présentant ce qu'on appelle les *racines grecques* dans un ordre analytique et rationnel. Dans le *Nomenclateur*, c'est l'analogie des idées qui a déterminé la place des mots; il n'y a rien de fortuit dans leur rapprochement tout naturel et presque nécessaire. Il n'est qu'un petit nombre de termes que la nature même de leur signification plaçait indifféremment dans plusieurs séries, ce qui me les y a même fait mettre quelquefois. On ne peut contester que cet ordre méthodique, qui a été suivi par plusieurs savants célèbres dans des ouvrages du premier mérite pour l'exposition de la nomenclature des langues étrangères, a l'avantage de jeter une espèce d'intérêt dramatique dans une longue liste de mots qui, présentée de toute autre manière, en serait entièrement dépourvue.

Travaillant pour des enfants, il était impossible de leur présenter une philologie au-dessus de leur intelligence et de leurs connaissances acquises. On ne pouvait donc guère remonter au-delà de la forme matérielle du mot usité, du mot à apprendre. Mais pour faire sentir la filiation ou la parenté d'un grand nombre de mots admis comme racines, mais qui ne sont en réalité que des rejetons d'une même souche originaire, je les ai rapprochés par des chiffres de renvoi, et j'ai mis, en outre, entre parenthèses le mot qui peut être considéré comme racine de ces racines secondaires, de manière à réunir les membres dispersés de ces nombreuses familles. Ceci s'applique surtout aux mots évidemment dérivés, composés ou variétés d'autres mots. Cette manière de procéder fait de la nomenclature grecque un tout plus homogène, et permet de l'envisager sous un point de vue plus large et plus philosophique. Cependant, pour ces rapprochements étymologiques, je me suis strictement renfermé dans le cercle de la langue grecque elle-même : en franchissant ces étroites limites, il eût été difficile de me borner.

Ayant en vue l'explication ordinaire des auteurs classiques, j'ai divisé les mots en trois classes. La première renferme les plus usuels, distingués par une majuscule initiale; la seconde contient ceux d'un usage moins fréquent, ils commencent par une minuscule; la troisième, enfin, offre un petit nombre de mots d'un emploi plus rare encore, dont la plupart appartiennent à l'histoire naturelle, et qu'on peut omettre au moins momentanément : ils sont précédés d'un point. Cette distinction en trois classes, faciles à distinguer au premier coup d'œil, ne sera pas non plus sans utilité. Dans cette dernière classe, j'ai admis sans scrupule quelques mots composés ou dérivés pour compléter les séries, qui sont déjà sans doute bien incomplètes, à cause de la nécessité de se renfermer dans les mots considérés à tort ou à raison comme racines.

On verra sans doute aussi avec plaisir un tableau méthodique des poids, mesures et monnaies les plus usités chez les Grecs et évalués en mesures métriques françaises.

Je me suis attaché avec le plus grand soin à la traduc-

tion des mots. Partout, dans l'occasion, le sens physique
et propre précède les acceptions morales et figurées; les
diverses significations se présentent dans l'ordre naturel
de leur filiation. J'ai été sobre de synonymie; quand un
mot a suffi, je me suis bien gardé d'en mettre deux : l'intelligence y gagne.

Enfin, j'ai mis en petites majuscules, pour les mieux
faire ressortir, les mots français évidemment venus du
grec ou analogues au grec.

Il me resterait, en terminant, à réclamer l'indulgence.
Si je ne le fais, ce n'est pas que je la dédaigne ou que je
croie n'en pas avoir besoin, mais j'espère que mes col-
lègues ne verront dans cet opuscule que le désir de me
rendre utile. Ils savent par expérience combien il est difficile, au milieu des pénibles fonctions de l'enseignement,
de ne pas laisser échapper quelque imperfection, surtout
dans un travail de la nature de celui-ci.

ABRÉVIATIONS.

anal.	analogue.	*part. ins.*	particule insépa-
augm.	augmentatif.		rable.
comp.	comparatif.	*pf.*	propre-figuré.
contr.	contracté.	*pp.*	proprement.
dim.	diminutif.	*pr.*	primitivement.
en gén.	en général.	*pr. inus.*	présent inusité.
fig.	figuré.	*qc.*	quelque chose.
intens.	intensitif.	*qq.*	quelqu'un.
intr.	intransitif.	*s. e.*	sous-entendu.
mét.	métaphorique.	*sign.*	signification.
mor.	moral.	*tr., trans.*	transitif.
nég.	négatif.	*V.*	voyez.
onom.	onomatopée.	*var.*	variété.
opp.	opposé.	=	analogue à.

N. B. Les chiffres renvoient aux pages.

LE

NOMENCLATEUR GREC.

NATURE.

§ I. Nature. Univers. Ciel : Astres.

Φύω, φῦμι, produire; engendrer : *intr.* être produit, être
    (*pp.* souffler, F). φύσις, nature, naturel.
Κοσμὸς, ordre : ornement : monde, univers. = κάζω 45.
Ὅλος, tout, entier : οὖλος 24 : *V.* πᾶς 85.
Οὐρανὸς, ciel : 18.
Κοιλὸς, creux, concave.
Τρέπω, tourner : changer : mettre en fuite.
ἑλίσσω, faire tourner. — εἴλω, ἴλλω, etc. *variétés.*
Ἀστὴρ, astre (αἴθω 47).
Ἥλιος, soleil. *De là*
ἀλέα, ἕλη, εἴλη, chaleur du soleil.
ἀκτῖν, rayon *du soleil,* etc.
Μήνη, lune.
ἕσπερος, Hespérus, *Vesper* (? ἕπομαι 54).

§ II. Lumière : briller.

Ἄω, αὔω, ἄζω, luire, briller : 4, 47.
αὐγὴ, éclat, splendeur.
Φάω, briller : parler, 22. *De là*
φῶς, φωτὸς, τὸ, lumière, *et*
φέγγος, τὸ, lumière, éclat, *et*
φαλὸς *et* φαιδρὸς, brillant; blanc; beau.
φοῖβος, brillant : pur.
Λάμπω, briller, luire.
στιλβω, étinceler, flamboyer.

1

μαίρω, μαρ-μαίρω, ἀμαρύσσω, reluire, briller.

γαρ-γαίρω, briller : palpiter.

αἴγλη, splendeur, éclat (ἀγάλλω 45).

σελάω, briller. — Σελήνη, lune. = ἕλη 1.

Jour; nuit; ténèbres.

ὄρθρος, point du jour.

ἠώς, aurore : ἄως, αὔως (ἄω, αὔω 1).

πρωΐ, adv. le matin, de matin (πρὸ 56).

Ἡμέρα, jour (μαίρω 2 ou ἥμερος 27).

Νὺξ, νυκτὸς, ἡ, nuit.

ἀ-βρότη, nuit, pp. sans mortels (βρότος 21).

ἀμαυρὸς, μαῦρος, et ἀ-μορβὸς, obscur, ténébreux.

Σκότος, obscurité, ténèbres.

Σκία, ombre : λύγη, obscurité.

ζόφος et ψέφος, τὸ, obscurité.

γνόφος, δνόφος, κνέφας, τὸ, obscurité (νέφος 3).

ἔρεβος, τὸ, obscurité : Erèbe (ἐρέφω 42). De là

ὄρφνη, temps sombre; obscurité.

§ III. Temps, durée; ses divisions.

Ἀεὶ, adv. toujours : successivement. De là

Αἰών, durée indéfinie : éternité : durée de la vie,

ἠνεκής, de longue durée.

ἀρκέω, durer, subsister : 59, 68.

Χρόνος, durée, temps.

δόλιχος, long.

Βραχὺς, court, bref (βράχω 4).

Καιρὸς, moment favorable, occasion.

Ἔτος, ἔνος, ἐνιαυτὸς, an, année.

Μὴν, mois (μήνη 1).

Ἡμέρα, jour. — σήμερον, adv. aujourd'hui.

ἔν-διος, de midi (Δὶς 61).

δείλη, l'après-midi : le soir.

ὀψέ, adv. le soir, tard, long-temps après (ἕπομαι 54).

Ὥρα (saison; moment où un être a acquis son développement, sa perfection, d'où beauté) : heure.

Πάλαι, adv. autrefois, depuis long-temps.

δὴν, δῆθα, adv. long-temps, et δηρὸς, δαὸς (δάω, durer), de longue durée.

πέρυσι, *adv.* l'année dernière (περάω 54).
πρώην, *adv.* naguère : avant-hier (πρὸ 56).
ἐχθὲς, χθὲς, *adv.* hier (ἔχω 57).
ἕωλος, de la veille : vieux.
Νῦν, *adv.* maintenant ; αὔριον, demain.

§ IV. SAISONS DE L'ANNÉE.

Ἔαρ, *contr.* ἦρ, τὸ, printemps.
Θέρος, τὸ, chaleur ; été ; moisson : = τέρσω 46.
ὀπώρα, automne.
χεῖμα, saison des pluies, hiver : tempête (χέω 51).
• κηλὰς, brume, jour d'hiver.
πάχνη, givre : πάγος, glace (πηγνύω 65).
ῥῖγος, τὸ, froid rigoureux.
κρύος, τὸ, froid : glace. *De là*
κρύσταλλος, δάγυς, glace ; CRISTAL : 96.

§ V. AIR : ATMOSPHÈRE.

Ἀὴρ, air (ἄω 1, 4). = αὔρα 4.
Αἰθὴρ, air serein ; ÉTHER (αἴθω 47).
εὐ-δία, temps serein, douce température (εὖ 27, Δὶς 61).
γαλήνη, sérénité ; calme (ἀ-γάλλω 45).

A. Météores.

μετέωρος, élevé : qui se passe dans l'air. MÉTÉORE.
ἀτμὸς *et* αὔτμη, fumée, vapeur, exhalaison.
ἀχλὺς, brouillard, obscurité.
ὀμίχλη, brouillard : *mét.* confusion.
Νέφος, τὸ, nuée, nuage.
Ὄμβρος, pluie.
ὕω, βρέχω, pleuvoir : mouiller.
στάζω, σταλάζω, tomber goutte à goutte.
ἰκμὰς, νοτὶς, vapeur ; humidité.

———

εὐρὼς, moisissure ; putréfaction.
• τάγγη, moisissure ; relent ; rance (τέγγω 94).
μαδάω, μυδάω, être humide : pourrir.
φλιδάω, pourrir ; tomber en lambeaux.

Σήπω, faire pourrir. σαπρὸς, pourri.
σαθρὸς = σαπρὸς, pourri; gâté.
πύθω, putréfier, pourrir : puer.

———

χάλαζα, grêle.
χιὼν et νίψ, νιφὸς, neige (νίπτω 46).
δρόσος, ἔρση, rosée : = ἄρδω 78.
ψακάς et ψιὰς, rosée, pluie fine.
Κεραυνὸς, foudre. — βροντὴ, onom. tonnerre.
ἀστραπὴ, éclair (ἀστὴρ 1).

B. Vent.

Ἄνεμος, vent, souffle.
  σφοδρὸς, violent, impétueux. = σφαδάω 22.
Αὖρα, vent doux (αὔω 4).
Οὖρος, vent favorable. = αὖρα, εὖρος 4.
λαῖλαψ, τύφων, ouragan, vent violent.
ζάλη, tempête.
ἄελλα, θύελλα, ouragan (ἄω 4, θύω 32).
Ἄω, αὔω, ἄζω, onom. souffler : sécher : 1.
αὐχμὸς, sécheresse, aridité.
Πνέω, onom. souffler; respirer.
Ψύχω, onom. souffler; sécher; rafraîchir.

Vents particuliers.

βορέας, Borée, vent de nord.
εὖρος, Eurus, vent d'est = αὖρα, οὖρος 4.
ζέφυρος, onom. ZÉPHYRE, vent d'ouest.
ἰάπυξ, Iapyx, vent de nord-ouest.
νότος, Notus, vent de sud.

C. Air agité : sons divers.

Ἦχος, son; écho : ἄχω, résonner.
δοῦπος, γ-δοῦπος, κ-τύπος, bruit d'un corps qui tombe ou
    qu'on frappe. = τύπτω 35.
κόναβος, ἄραβος, ὄτοβος, bruit, son.
ληκέω (λακ), pp. déchirer : craquer, crier.
βράχω, onom. craquer : pp. briser.
• βρέμω, onom. FRÉMIR; BRUIRE : rugir; hennir.

λιγὺς, *onom.* sonore : λίγγω, résonner. == λέγω 22.

πίτυλος, ῥόθαγος, bruit de l'eau frappée par la rame.

ῥοῖζος, sifflement d'un trait : *onom.*

ῥοχθέω, faire un bruit rauque : *onom.*

σμάραγος, son éclatant : *onom.*

σ–φάραγος, bruit du gosier, φάρυγξ 18.

φλοῖσβος,–ῥόθος, bruit des flots : *onom.*

ψόφος, bruit, son, fracas : *onom.*

§ VI. De la Terre en particulier.

A. Terre ferme.

Γέα, γῆ, terre. γαῖα, id. (γάω 33).

Χθὼν, ἔρα, terre.

Χῶρος, χώρα, terre, région, contrée.

ἤπειρος, ἡ, continent, terre ferme.

χέρῥος, χέρσος, ἡ, terre ferme : *adj.*, inculte.

Ἔρημος, désert, inculte : privé de.

Ἀκτὴ, ὄχθη, rivage (ἀγνύω 64).

Αἰγιαλὸς, bord de la mer (*id.* ἅλς 5).

ἠϊὼν, κρόκη, rivage (ἄω 4, κρέκω 52, 95).

ἰσθμὸς, ISTHME, *pp.* passage (ἴω 23).

Νῆσος, île.

B. Mer.

ὠκεανὸς, OCÉAN. — Ὠγήν, l'Océan, *dieu.*

ἀμφιτρίτη, mer : Amphitrite, *déesse.*

Θάλασσα, mer. Ἅλς, ἁλὸς, ἡ, mer. — ὁ, sel.

Πέλαγος *et* Πόντος, mer.

Βάθος, τὸ, profondeur. *De là*

βυθὸς, βυσσὸς, fond *de l'eau.* — πυθμὴν *et* πύνδαξ, *id.*

εὔριπος, EURIPE, détroit : flux et reflux.

Κῦμα, τὸ, flot (κύω 47).

ἀφρὸς, écume.

μυχὸς, enfoncement : golfe.

Λιμὴν, port. ὁρμὸς, mouillage (εἴρω 69).

σάλος, *pp.* agitation ; mer agitée ; roulis *et* tangage *d'un vaisseau.*

§ VII. Surface de la Terre.

A. Montagnes et collines ; vallées ; plaines.

Ὄρος, τὸ, montagne.
αἶπος, τὸ, hauteur : *mét.* travail. αἰπύς, élevé : *mét.* difficile. =
Ὕψος, τὸ, hauteur, élévation.
Ἀκρὸς, haut : placé au bout (ἀκή 66).
Κορυφή, cime, sommet, faîte. =
κόρυμβος, sommet : sommité *de fleur.*
• ῥίον et ἄνδηρον, sommet *d'une montagne.*
• ἄμβων, cime : penchant *d'une montagne.*
κόλωνος, πάγος, colline.
λόφος, colline : cimier *de casque*, 18, 66.
βουνὸς, colline, tertre.
νάπος, τὸ, colline *ou* vallée boisée.
• παίπαλα, τά, lieux pierreux.
βῆσσαι, halliers, buisson, ronceroi.
ἄντρον, ANTRE, caverne.
σπέος *d'où* σπήλαιον, caverne (σπάω 7).
• φωλεὸς, γωλεὸν *et* γρώνη, caverne ; tanière.
• χηραμὸς, caverne ; repaire ; bauge.
κύμβος, = κύτος, τὸ, cavité.
γύαλον, creux ; cavité (γυ = κύ-ω 47).

Vallées.

ἄγκος, τὸ, fond, vallon. *V.* ἄγκαι 19.
φάραγξ, ravin, vallée. = φάρυγξ 18.
βάραθρον, abîme profond.
κρημνὸς, lieu à pic, précipice (κείρω 72).

Plaine.

πέδον, sol, terre : πεδίον, plaine : 41, 60.
ὁμαλὸς, plan, uni (ὁμὸς 92).

B. Eaux : sources, ruisseaux, rivières.

Ὕδωρ, ὕδατος, τὸ, eau (ὕω 3).
κρήνη *et* κρουνὸς, source, fontaine.
πηγή, source, fontaine.

πιδάω, sourdre, jaillir. = πηδάω 55.
βλύω *et* βρύω, sourdre, jaillir.
φλέω, φλύω, bouillonner, déborder : *mét.* babiller.
νάω, sourdre : couler.
Ποταμὸς, rivière, fleuve (πίνω 51).
Ρέω, *onom.* couler, s'écouler. *De là*
ἐρωέω, couler ; jaillir.
κελαρύζω, *onom.* murmurer.
μύρω, couler. μορ-μύρω, MURMURer.
δίνη, tournant d'eau, gouffre : = δονέω 67.

C. Lacs, étangs, marais ; vase, fange.

λάκκος, LAC : citerne : cuve.
λίμνη, lac, étang (λείβω 63).
ἕλος, τὸ, marais. — ἰλύς, limon, vase.
• τῖφος *et* τέλμα, τὸ, marais, bourbier.
βορβορὸς, θολὸς, vase, fange. Πηλὸς, boue, 88, 93.

Plantes aquatiques.

κάλαμος, roseau : chaume : 59.
κάννα, φιλὶς, CANNE, roseau.
πάπυρος, βύβλος, PAPYRUS, *roseau d'Égypte*, 59.
σχοῖνος *et* ψίαθος, jonc : corde, natte de jonc.
φῦκος, FUCUS, algue, fard.
• δόναξ, canne, roseau (δονέω 67).
• θρύον, jonc ; κύπειρος, souchet.

§ VIII. Produits et Habitants de la terre.

RÈGNE MINÉRAL.

Ὀρύσσω, creuser : retirer de terre.
Σπάω, tirer : extraire : étendre : mettre en pièces : σπίζω,
    étendre.

A. Métaux.

μέταλλον, MÉTAL.
Χρυσὸς, or. Ἀργυρος, ARGENT, *de*
ἀργὸς, brillant, blanc, 82.
Σίδηρος, fer. — χάλυψ, acier.
Χαλκὸς, cuivre, airain, bronze.

κασσίτερος, étain. — μόλυβδος, plomb.

• στίβι, στίμμι, antimoine. — μάγνης, aimant.

• ἤλεκτρον, ÉLECTRE, *alliage d'or et d'argent*, ambre jaune, succin.

B. Pierres, oxides métalliques.

πέτρος *et* πέτρα, pierre, rocher.

Λᾶας *et* Λίθος, pierre.

Ψῆφος, caillou ; suffrage (ψάω 46).

χάλιξ, κάχληξ *et* κόχλαξ, caillou roulé, GALet. (κόχλω 88).

στία, petite pierre, caillou.

ἄμμος *et* ψάμμος, sable.

• τίτανος, chaux ; plâtre (τάω étendre`.

• γύψος, GYPSE, plâtre : τόφος, TUF.

C. Pierres précieuses.

ἀ-δάμας, αντος, DIAMANT : acier (δαμάω 69).

• ἀχάτης, AGATE : — ἄνθραξ, escarboucle : 47.

• βήρυλλος, BÉRIL, aigue-marine.

• ἴασπις, JASPE. — σάπφειρος, SAPHIR.

• μάραγδος *et* σμάραγδος, ÉMERAUDE (μαίρω 2).

D. Fossiles et bitumes.

(θεῖον, soufre (θεός 61).

(στυπτηρία, alun (στύφω 95).

νίτρον, NITRE, salpêtre.

(ἄ-σφαλτος, ASPHALTE, bitume (σφάλλω 29).

• νάφθα, NAPHTHE, *espèce de* bitume.

RÈGNE VÉGÉTAL.

1. *Végétation.*

Φύω, produire, etc. 1. φυτὸν, plante.

Βλαστάνω, germer ; bourgeonner ; pousser (βάλλω 56).

Θάλλω, pousser *des feuilles*, etc. verdir.

Ἀέξω, Αὔξω, -άνω (αὔγ), AUGmenter ; *intr.* croître.

ἀλδέω *et* ἀλθέω, faire croître : ἄλθα 90.

χυλὸς, suc ; sève : CHYLE (χύω 51).

2. *Parties des végétaux.*

ῥίζα, racine.

καυλὸς, tige *des plantes.*

στέλεχος *et* πρέμνον, tronc, souche (στάω 23).

Κᾶλον *et* Ξύλον, bois.

φλοιὸς, φελλὸς, écorce.

λέπος, τὸ, écorce. λέπω, écorcer, peler.

κλάδος *et* κλὼν, rameau (κλάω 85).

ὄζος, rameau ; nœud d'*arbre* ; rejeton.

• ῥάδιξ *et* ἕλινος, rameau, branche.

• ἀκρέμων, branche ; rameau (ἀκρὶς 6).

φύλλον, FEUILLE (φύω 1, 8).

ὄρπηξ, ὀρόδαμνος *et* ῥάδαμνος, rejeton ; rameau.

A. Arbres. Forêt.

Δένδρον, arbre.

Ὕλη, forêt : *toute espèce de* matière, *pp.* bois.

ἄλσος, τὸ, bois, bois sacré (ἀλδέω 8).

δασὺς, dru, serré. δάσος, forêt.

1. *Arbres forestiers.*

Δρῦς, chêne ; arbre.

πρῖνος, yeuse. • ἄκυλος, *son* gland.

   βάλανος, gland ; châtaigne ; datte.

ἰψὸς *et* φελλὸς, liége, *quercus suber.*

φηγὸς, hêtre ; faîne (φάγω 50).

μελία, frêne. — ὄα, cormier, sorbier.

πύξος, BUIS (πύκος 95).

δάφνη, laurier ; — ζαλειὰ, laurier d'Alexandrie.

• σφένδαμνος, érable.

• πτελέα, orme. φιλύρα, tilleul.

• τιλία *et* αἴγειρος, peuplier noir.

• ἔβενος *et* ἔβελος, ÉBÈNE.

• θάψος, gaïac. — σάνταλον, SANTAL.

2. *Arbres résineux : résines, poix.*

ἐλάτη, sapin.

λίβανος, arbre à encens ; encens.

πεύκη, PICÉA, larix : *V.* πίσσα 10.

πῖνος *et* πίτυς, PIN, picéa : 45.

τάξος, σμίλαξ, if.

κυπάρισσος, CYPRÈS.

• τερέβινθος *et* τέρμινθος, TÉRÉBINTHE.

— 10 —

˻ σχῖνος, lentisque : squille, ognon *marin*.
˻ μαστίχη, MASTIC, *résine du lentisque*.
πίσσα, poix : — ῥητίνη, RÉSINE. (πεύκη).

3. *Arbrisseaux et arbustes.*

θαμνὸς, pépinière ; verger (θαμὰ 59).
˻ ἄγνος, AGNUS castus, vitex (ἀ-γείνομαι 21).
˻ ἀκτή, sureau. — κάνωπον, sa fleur (ἄγω 64).
ἄμπελος, vigne. — ἄρκευθος, genévrier.
βάτος, buisson. — σφάλαξ, ronce.
  ἄκανθα, épine ; buisson épineux (ἀκὴ 66).
˻ κάππαρις, CÂPRIER ; CÂPRE.
κισσὸς, lierre. — κιστὸς, CISTE.
˻ κολουτέα, baguenaudier. κόμαρος, arbousier (κομὴ 47).
˻ κόψιμος, nerprun. — κύτισος, CYTISE.
μυρίκη, tamarin : bruyère. ῥάμνος, aubépine.

4. *Plantes d'ornement*, 77 (1). — 5. *potagères*, 76. —
  6. *d'assaisonnement*, 48. — 7. *graminées*, 74. —
  8. *textiles*, 75. — 9. *tinctoriales*, 94. — 10. *aro-*
  mates, 91. — 11. *aquatiques*, 7.

12. *Mousses, lichens et champignons.*

μνίον *et* βρύον, mousse.
μύκης, champignon. — ἀγαρικὸν, AGARIC.

RÈGNE ANIMAL.

Ζάω, vivre. Ζῶον, animal.

I. VERTÉBRÉS.

A. Mammifères. Vivipares.

Quelques parties de certains animaux.

Κέρας, τὸ, corne.
οὐρὰ *et* κέρκος, queue.
χηλὴ, griffe (*oiseaux*), pied (*fissipèdes*), 12, 88 (χάω 68).

———

(1) Pour ne pas trop allonger la liste des végétaux, nous
l'avons dispersée sous divers titres.

Ἄνθρωπος, ὁ, ἡ, homme, femme (ἀνθερ-ωπὸς, au visage fleuri).

Θήρ, bête sauvage, 86.

• κνώδαλον, bête *en général :* animal marin.

———

πίθηκος, singe. — κῆβος, sapajou.

ἐχῖνος, hérisson. — νυκτερὶς, chauve-souris (νὺξ 2).

• σπάλαξ, ἀσπάλαξ, taupe (σπάω 7).

ἄρκτος, ὁ, ἡ, ours, ourse.

• ἰκτὶς *et* κτὶς, fouine ; furet.

γαλέη, belette ; chat.

Κυών, κυνὸς, ὁ, ἡ, chien, chienne.

λύκος, loup. λύκαινα, louve.

  ὠρύω, hurler ; rugir.

ἀλώπηξ, renard. — κιδάφη, κίναδος, *idem.*

• ὕαινα, HYÈNE.

λέων, λέοντος, LION. λέαινα, lionne.

  βρύχω, -άομαι, RUGIR, braire.

τίγρις, TIGRE.

  αἰόλος, moucheté ; agile : rusé, fin.

πάρδος, LÉOPARD : λὺγξ, LYNX.

αἴλουρος, ὁ, ἡ, chat, chatte. σκί-ουρος, écureuil.

μῦς, rat ; souris : 17. ἀρκτό-μυς, marmotte.

• κάστωρ, CASTOR ; ὕς-τριξ, porc-épic (ὕς 71 ; θρὶξ 45).

λάγος, λάγως, lièvre : κούνικλος, lapin.

ἐλέφας, ÉLÉPHANT. ἱππο-πόταμος, HIPPOPOTAME.

ἐρρωὸς *et* κάπρος, sanglier.

  λάσιος, hérissé : couvert, boisé (*pays*).

χοῖρος, *onom.* porc, cochon.

• ῥινο-κέρως, RHINOCÉROS (ῥὶν 17 ; κέρας 10).

Ἵππος, ὁ, ἡ, cheval, jument : ὄνος, âne.

κάμηλος, CHAMEAU : câble, 64.

δόρξ, daim, chevreuil (δέρχομαι 20).

ἔλαφος, ὁ, ἡ, cerf, biche (ἐλαύνω 57).

  νεβρὸς, πρὸξ, ἐλλὸς, faon.

• ἴορκος, chamois.

αἴξ, ὄις, βοῦς, 74.

κῆτος, τὸ, CÉTACÉ ; baleine.

δελφὶν, DAUPHIN.

• φώκη, PHOQUE, marsouin. — φάλαινα, BALEINE.

B. Oiseaux.

Ὄρνεον *et* ὄρνις, oiseau ; poule, 75 : augure.
οἰωνὸς, oiseau de proie ; auspice.

Quelques parties du corps des oiseaux.

ῥάμφος *et* ῥύγχος, τὸ, bec : museau, groin.
Ὄνυξ, ongle ; sabot, serre, griffe.
χηλὴ, griffe, serre *des oiseaux*. — 10, 88.
• προ-ηγορεὼν, jabot (ἀγείρω 85).
χνόος, duvet ; poil follet.

Vol.

Πέτομαι, ἵπταμαι, voler. = πετάω 46. *De là*
πτερὸν, aile, plume : πτέρυξ, *id*. ; nageoire.

1. *Oiseaux de proie.*

a. Diurnes.

γὺψ, vautour : αἰγύπιος, vautour : aigle.
γρυπὸς, au nez aquilin, au bec crochu.
ἱέραξ, κίρκος, épervier, faucon : 60.
ἀετὸς, aigle. — • αἰσάλων, émérillon. — φήνη, orfraie.
κλάζω (κλαγ), *onom.* crier (*oiseaux de proie*) : 67.

b. Nocturnes.

• αἰγωλιὸς, βύας, ὁ, hibou, chat-huant.
• γλαὺξ, ἡ, chouette : — πτύγξ, PTYNX.

2. *Passereaux.*

κίχλη, grive. κόσσυφος *et* κόψιχος, merle.
κόραξ, *onom.* CORBEAU. κορώνη, CORNEILLE. *De là.*
κράζω *et* κρώζω, *onom.* CROASSER : κρίζω, CRIER.
• κίσσα, pic : — dégoût, envie de femme grosse.
κολοιὸς, geai. *De là*
κλώζω, *onom.* crier (*geai*) : glousser (*poules*).
στρουθὸς, moineau. — ψὰρ, étourneau.
• σπίνος *et* φρύγιλος, pinson. — ἀκανθίς, chardonneret.
• αἰγιθαλὸς, mésange. (πυραλίς, rouge-gorge (πῦρ 47).
• πίφιγξ, κορύδαλος, alouette.

ἀηδών, rossignol (ἀείδω 52) : — ὑπο-λαὶς, fauvette.
• (συκαλὶς, bec-figue (σῦκον 78).
• τρόχιλος, roitelet ; βασιλίσκος, idem.
• κίγκλος, ἴυγξ, hoche-queue : σεισ-ουρα.
• ἔποψ et ἄπαφος, huppe : — ἀλκυών, ALCYON.

3. Grimpeurs.

ἀῤῥιχάομαι, grimper, gravir.
• δρυο-κολάπτης et καλό-τυπος, pic-vert, pivert.
• πελεκᾶν, pivert ; PÉLICAN.
• κόκκυξ, onom. COUCOU. — ψίττακος, perroquet.

4. Gallinacés.

περιστερὰ, pigeon (περισσὸς 39).
πέρδιξ, onom. PERDRIX. — ὄρτυξ, caille.
• ταὼς, paon. — τατύρας et φασιανὲς, faisan.
ἀλεκτρυὼν, ὁ, ἡ, coq, poule. — κυρβασία, crête.
• μελεαγρὶς, pintade : — ὠτὶς, OUTARDE.
• στρουθο-κάμηλος, autruche.

5. Oiseaux de rivage.

• ψοφιὰ, agami (ψόφος 5).
• φοινικό-πτερος, PHÉNICOPTÈRE, flambant.
• ἐρωγὰς, ἐρωδιὸς et ἄραμος, héron.
• ἀστερίας, butor (ἀστὴρ 1).
πέλ-αργος, cigogne. (πελὸς 43 — ἀργὸς 7).
γέρανος, GRUE : — ἴβις, IBIS.
• σκολόπαξ, bécasse (σκόλοψ 86).
• αἱματό-πους, huîtrier (αἷμα 17, πεὺς 20).

6. Palmipèdes, nageurs.

κολυμβάω, nager ; plonger.
ἐπι-πολῆς, adv. à la surface (πέλω 21).
• αἴθυια et κόλυμβος, plongeon (αἴθω 47).
• λάρος, κράβος et κήξ, mauve, mouette.
• πελεκᾶν, PÉLICAN ; pivert, 13.
κύκνος, CYGNE. χὴν, oie (χαίνω 24).
νῆσσα, canard (νάω 14).

C. Reptiles.

Ἕρπω, ramper, se traîner.

a. Quadrupèdes ovipares.

χέλυς, tortue ; *son écaille* : lyre.
κροκόδειλος, CROCODILE.
σαῦρος *et* κολώτης, lézard.
+ ἀσκάλαβος, tarentule, *petit lézard.*
+ σαλάμανδρα, SALAMANDRE.
φρῦνος, crapaud. — γυρῖνοι, têtards (γυρὸς 60).
βάτραχος, grenouille. — κοάξ, *onom.* coassement.

b. Serpents.

ἔχις, vipère *mâle* : ἔχιδνα, vipère *femelle.*
ἀσπίς, ASPIC : — bouclier, 66.
ὄφις, serpent, *nom générique.*
 + σύφαρ *et* λεβηρίς, dépouille du serpent.
 + ἰλεὸς, trou du serpent.
δράκων, DRAGON, *serpent* (δέρκομαι 20).
Σίζω (σιγ), *onom.* siffler.
σπεῖρα, ligne SPIRale, repli tortueux : 65, 86.

D. Poissons.

Ἰχθὺς, poisson.
+ σέλαχος, τὸ, poisson sans écailles (σελάω 2).
Νάω, νήχω, NAGer. *De là*
 νηρὸς, qui nage : humide.
 βράγχια, τὰ, ouïes, BRANCHIES.
φολίς, écaille : nageoire. ═ φελλὸς, φλοιὸς 9.

————

+ ἅλμων, SAUMON (ἅλς 5).
+ βατίς, raie. — γόγγρος, CONGRE.
ἔγχελυς, ANGUILLE. θύννος, THON.
+ κυπρῖνος, carpe. κώβιος, GOUJON.
+ λάβραξ, loup marin (λάβρος 30.)
μύρος, μύραινα, lamproie *mâle et femelle.*
νάρκη, torpille : engourdissement, torpeur.
+ πέλτη, sortel. — πέρκη, PERCHE.
+ σάλπη, merluche. — σαπέρδης, SAPERDE.

+ σάργος, SARGe. σάρδα, SARDine.
+ σάτρα *et* σηπία, sèche (σαθρὸς, σήπω 4).
+ σίλουρος, SILURE. — σκάρος, SCARE, sarget.
+ σκόμβρος, SCOMBRE. — σμαρὶς, anchois.
+ ψύλων, tanche.

II. MOLLUSQUES.

μαλὸς, mou, tendre : — méchant. *D'où*
μαλακὸς, mou, mollasse.
(*Cette classe présente peu de mots simples.*)

Mollusques testacés.

+ κωκάλια, COQUILLages ; testacés.
Ὄστρακον, coquille : 94. = ὄστρεον.
+ ἕλιξ, HÉLICE, spirale ; — limaçon (ἑλίσσω 1).
κόχλος *et* σέσιλος, limaçon (κόχλω 88).
Οστρεον, huître : testacé. == ὄστρακον.
+ κόγχος, coquillage : κόγχη, CONQUE.
Πορφύρα, POURPRE, *coquillage* : 95.
+ πίννα, nacre. — βέρβερι, huître à perles.
+ τελλίνη *et* μύαξ, moule (μύω 62).

III. ARTICULÉS.

1. *Annélides, crustacés, aselles, etc.*

+ βδέλλα, sangsue (βδάλλω 73).
+ κάραβος, CRABE, homard.
καρκῖνος, ἀστακὸς, cancre, écrevisse.
+ ὀνίσκος, cloporte, aselle ; *pp.* ânon.
+ σκολόπενδρα, SCOLOPENDRE.

2. *Arachnides.*

ἀράχνης, ARAIGNÉE : φαλάγγιον, tarentule, faucheux.
σκόρπιος, SCORPION.

3. *Insectes.*

+ φθεὶρ, pou : ψύλλος, puce : κόρις, punaise.
+ λαμπυρὶς, ver luisant (λάμπω 1).
+ κάνθαρος, escarbot : 96. κανθαρὶς, CANTHARIDE.
+ σκάραβος, SCARABÉE : μηλονόνθη, hanneton.

+ σὴς, σίλφη, teigne, blatte.
+ κὶς *et* τρὼξ, calandre ; κροτὼν, tique.
+ ἀκρὶς, μολυρὶς *et* ἀττέλαϐος, sauterelle.
+ βροῦκος, sauterelle, BRUCUS (βρύκω 72).
τέττιξ, *onom.* cigale.
+ κύνιψ *et* κνίψ, CYNIPS.
μύρμηξ, fourmi. — μυρμηκο-λέων, fourmi-lion.
σφὴξ, ἀνθρήνη, guêpe, frelon. — κηφὴν, bourdon.
βόμϐυξ, ver à soie (βεμϐέω 78).
κώνωψ *et* ἐμπὶς, cousin, moucheron.
οἶστρος, taon : *mét.* fureur.
μυῖα, mouche : *onom.* MU.

4. *Vers.*

+ ἀσκαρὶς, ASCARIDE (σκαίρω 53).
+ σκώληξ, lombric ; ver *en gén.* δρῖλος, ver de terre.
+ ἕλμινς, ténia, ver solitaire.

5. *Zoophytes.*

+ βρίσσος, oursin ; — ὁλοθούριον, HOLOTHURIE.
+ πολύ-πους, POLYPE (πολὺς 36, πούς 20).
+ ἐλεδώνη, ÉLÉDONE. — + κοράλλιον, CORAIL.
σπόγγος, ÉPONGE.
σομφὸς, poreux, spongieux.

§ IX. DE L'HOMME EN PARTICULIER.

I. *CORPS DE L'HOMME.*

Σῶμα, τὸ, corps ; corps *en général.*
δέμας, τὸ, *indécl.* corps (δέμω 88).
Μορφὴ, FORME ; beauté.

1. *Parties solides du corps.*

Ὀστέον, os, ossement.
κοτύλη, cavité, creux ; COTYLE *d'un os.*
ἄρθρον, articulation : *poét.* membre (ἄρω 83).
+ ῥάχις, RACHIS, colonne vertébrale.
ἀστράγαλος *et* σπόνδυλος, vertèbre.
μυελὸς, MOELLE ; cervelle.
Σὰρξ, chair.

ἴς *et* ἴν, ἰνός, fibre ; nerf : *mét.* force.
νεῦρον, NERF ; *fig.* force.
μῦς, MUSCLE : — rat, souris, 11.
χόνδρος, cartilage : grain, 75.
λίπος, τὸ, graisse. — στέαρ, suif.
πίος *et* πι-μέλη, graisse : πίων, gras.
λαρινὸς, gras, de bonne mine.
• ἀδὴν, glande ; amygdale (ἄδω 50).
ὑμὴν, membrane : hymen.

2. *Fluides du corps : sang, excrétions, etc.*

Αἷμα, τὸ, sang. — χυλὸς, suc, sève, 8 : CHYLE.
χόλος *et* χολή, bile, fiel : colère.
οὖρον, URINE.
σίαλον, salive ; bave. — βλέννα, μύξα, morve.
Δάκρυ, larme.
ἴδος, τὸ, *et* ἰδρὼς, sueur. = ὕδωρ 6.

A. Tête.

Κεφαλή, κύβη, CHEF, tête.
κάρα, κάρηνον, *et* κρὰς, tête. *De là*
κράνιον, tête, CRÂNE. — μήνιγξ, MÉNINGE, *enveloppe du cerveau.*
κρόταφος, tempe (κρότος 53).
κόρρη *et* κόρση, tempe : joue : mâchoire.
Οὖας, οὔατος, *contr.* οὖς, ὠτὸς, τὸ, oreille.
• λοβὸς, bout de l'oreille ; LOBE *du cœur,* etc.
• κυψέλη, trou de l'oreille : 78.

a. *Face.*

πρόσ-ωπον, visage : masque : personnage, *et*
μέτ-ωπον, front (ὤψ 20).
Ὀφθαλμός, œil (ὄπτομαι 20).
• κύλα, orbites *des yeux* : = κοιλὸς 1.
• κάνθος, coin de l'œil : 86.
βλέφαρον, paupière : œil (βλέπω 20).
κόρη, γλήνη, prunelle de l'œil : 37.
ὀφρύς, sourcil ; *mét.* orgueil.
ῥίν, nez ; — ῥόθων, narine, nez.
μυτίς, narine ; museau ; *onom.* MU : *et*

2

μυκτήρ, nez, narine (μύζω 24).

παρειά et σιαγών, joue.

γνάθος, joue : mâchoire, *de*

γένυς, menton ; mâchoire : γένειον, barbe.

πώγων, κόννος et ὑπήνη, barbe.

ἴονθος, ἴουλος, λάχνη, μνόης et χνόος, duvet, poil follct.

Στόμα, τὸ, pointe *ou* tranchant ; ouverture ; bouche, *sign.*
   usuelle (τέμνω 94).

Χεῖλος, τὸ, lèvre. — οὐρανὸς, palais *de la bouche.*

Γλῶσσα, langue, langage.

ὀδοὺς, ὀδόντος, DENT.

• οὖλον et βάβριξ, gencive.

B. Tronc.

ὅλμος, tronc du corps de l'homme : 93.

a. *Cou ; gorge, gosier.*

τραχηλὸς, cou ; trachée-artère ; vertèbre (τραχὺς 53).

αὐχὴν, cou : défilé, col.

λόφος et δερὴ, cou ; colline : 6, 66.

λαιμὸς, gorge, gosier.

γαργαρεὼν et λαυκανία, gorge, gosier.

• φάρυγξ, PHARYNX ; trachée-artère. = φάραγξ 6.

• βρόγχος, gorge ; BRONCHE ; trachée-artère.

• βρόχθος, gosier : bouteille (βρόχω 30).

• λάρυγξ, LARYNX, κίων, luette : 41.

b. *Poitrine ; estomac ; ventre.*

θώραξ, poitrine ; cuirasse, 66.

Στῆθος, τὸ et στέρνον, STERNUM : poitrine.

πλεῦρα, côte ; côté : PLÈVRE.

πράπιδες et φρένες, diaphragme ; *mét.* intelligence.

στόμαχος, orifice ; ESTOMAC (στόμα 18).

• οἰσοφάγος, OESOPHAGE (οἴω 39 ; φάγω 50).

κοιλία, cavité : estomac, ventre (κοιλὸς 1).

γαστὴρ et ῥάρος, ventre (γάω, enfanter).

νηδὺς, estomac, ventre.

λαγών, flanc ; cavité.

ὀμφαλὸς, nombril ; le milieu *de qc.*

• ἦτρον, ἴτρια, τὰ, bas-ventre, abdomen.

νῶτος, dos ; *pl.* νῶτα.

• κυσθὸς, bas-ventre ; derrière.

• πυγή, γλοῦτος, derrière : πρωκτὸς, anus.

c. *Intestins, viscères, vaisseaux.*

σπλάγχνον, viscère, intestin.

Ἐν, *prép.* en, dans. — ἔνδον *et* ἐντὸς, dedans. *D'où*
ἔγκατα, ἔντερα, τὰ, intestins (ἔν).

χορδὴ, boyau ; CORDE à boyau, 52.

• κόλον, COLON : εἰλεὸν, ILÉON, *intestins.*

σπλήν, rate. — ἧπαρ, τὸ, foie.

νεφρὸς *et* ὀσφὺς, rein.

ἴσχις, ἰξὺς, rein (ἴσχω 57).

• κύστις, vessie ; bas-ventre.

• δελφὺς, utérus.

Καρδία, cœur ; CARDIA, *orifice de l'estomac.*

κέαρ, *contr.* κῆρ, τὸ *et* ἧτορ, *poét.* cœur.

• ἀόρτη, AORTE : — ἀρτηρία, ARTÈRE (ἄρω 83).

φλὲψ, veine. ἀγγεῖον, vaisseau (ἄγγος 46).

C. Membres.

μέλος, τὸ, membre : 52.

κῶλον, γυῖον, ῥέθος, τὸ, *poét.* membre.

. a. *Membres supérieurs.*

Ὦμος, épaule (ὄω, οἴω 93).

μάλη *et* μασχάλη, aisselle.

βραχίων, BRAS, *du coude au poignet.*

ἄγκαι, ἀγκάλαι, les bras.

ἀγκὼν, coude : coin ; angle (ἀγκ, ἀγγ, anc, ang, *désigne*
    resserrement, angle, coude, *etc.*)

ὠλένη, bras : πῆχυς, coude ; coudée, 79.

• κύβιτον, coude : coudée, 79 (κύβη 17).

• καρπὸς, CARPE, poignet : 77.

Χείρ, *pr.* χὲρ, main : — μάρη, main.

Δεξιὸς, droit ; *mét.* favorable (δέχομαι 21).

ἀρίστερος, gauche ; sinistre (? ἄριστος 27).

λαιὸς *et* σκαιὸς, gauche ; maladroit ; sinistre.

παλάμη, PAUME de la main ; main ; *mét.* industrie, ma-
    chination.

• ἀγοστὸς, *poét.* paume de la main.

• θέναρ, paume ; plante du pied (θείνω 55).

Δάκτυλος, doigt : 52, 77. φάλαγξ, PHALANGE : 65.

κονδύλος, articulation du doigt ; poing.

b. *Membres inférieurs.*

μηρὸς, cuisse, κοχώνη, hanche*§*

• ἴσχις, cuisse ; ἴσχιον (ὀστέον), OS ISCHION (ἴσχω 57).

Γόνυ, GENOU. — μυλακρὶς, rotule.

σκέλος, τὸ, tibia , jambe. — περόνη, PÉRONÉ.

• κωλὴν, jambe : jarret, κόξα, *id.*

κνήμη, cuisse ; jambe : 86 (κινέω 88).

Πούς, ποδὸς, PIED. — σφύρον, cheville (σφύρα 88).

πέζα, cheville *et* plante du pied ; *poét.* pied, *et*

πτέρνα, talon (πατέω 76).

II. *PHYSIOLOGIE HUMAINE.*

I. SENS ET LEURS FONCTIONS.

Αἰσθάνομαι, sentir (*pf.*) : comprendre : s'apercevoir
(αἴω 20).

a. *Vue.*

Ὄπτομαι, voir, *prés. inus.* — ὤψ, visage, œil.

Εἴδω, *prés. inus.* voir.

Ὁράω, voir ; regarder ; examiner.

Βλέπω, voir, regarder.

Σκέπτομαι, regarder, considérer.

δέρκομαι, *poét.* avoir une vue perçante.

ἀθρέω, μέρδω, *poét.* voir, regarder : 58.

κύπτω, pencher la tête, regarder en bas (κύβη 17).

λάω *et* λεύσσω, *poét.* voir, regarder.

γλαύσσω, voir ; briller.

παπταίνω, *poét.* chercher des yeux.

b. *Ouïe.*

Ἀκούω, Ἀκροάομαι, entendre ; écouter.

Κλύω, κλῦμι, *poét.* entendre ; écouter.

ἀίω, sentir : entendre ; écouter : comprendre.

c. *Goût.*

Γεύομαι, goûter.

πάω, πάομαι, *poét.* goûter ; manger, se nourrir : nourrir.

d. *Odorat.*

Ọσφραίνομαι (ὀσ-φρέω), flairer, odorer (φέρω 93), *et*

Ὄζω, sentir, avoir une odeur, ὀδμή, ὀσμή.

e. *Toucher; préhension.*

Ἅπτομαι, toucher : ἀφή, tact, toucher.

ψαύω, διφάω, toucher ; tâter, palper.

θίγω, toucher ; effleurer.

Λαμβάνω (λάβω), prendre ; recevoir. λάζομαι, *id.*

Δέχομαι, prendre ; recevoir ; contenir.

Αἱρέω *et* Ἕλω, *inus.* prendre ; choisir ; enlever ; tuer ;
   s'attacher à : αἴρω 93.

δράσσω (δραχ), saisir ; empoigner.

μάρπτω, prendre avec la main (μάρη 19).

ἄρνυμαι *et* αἴνυμαι, *poét.* prendre ; obtenir.

II. Naissance, Vie, Existence, Mort et Sépulture.

Γείνομαι, γίνομαι (γεν). *pp.* être engendré : naître ; deve-
   nir ; arriver, *événements.*

Βίος, vie. = βία 24. — *V.* ζάω 10.

Εἰμί (ἔω), être, exister. *De là*

ἐτὸς, *d'où* ἔτυμος, réel, véritable.

πέλω, *pp.* mouvoir, tourner ; *poét.* être. = πάλλω 67.

Mort ; sépulture, funérailles.

Βροτὸς, mortel (βρώσκω 72).

Θνήσκω (θάν), mourir. θάνατος, mort.

Νεκὺς *et* νεκρὸς, mort.

πότμος, sort, destin : mort.

λοιγὸς, *poét.* mort, perte. = λύζω 34.

+ σορὸς, bière, cercueil.

Τάφος, tombeau. — θάπτω (ταφ), enterrer.

τύμβος, *et* + ἤριον, bûcher, tombeau.

κτέρεα *et* τάρχεα, τὰ, funérailles (τάριχος 50).

κῆδος, τὸ, soin ; obsèques : alliance, 38.

ἔλεγος, chant plaintif ; élégie (ἒ 33, λέγω 22).

III. Fonctions physiques.

a. *Respiration.*

Πνέω, souffler ; respirer.
Ἄω *d'où* ἀάζω, respirer. *V.* ἄω 4, 22.
σφύζω (σφυγ), tressaillir ; battre (*pouls*).
σφαδάω, tressaillir ; trépigner ; palpiter.

b. *Nutrition.*

Τρέφω, nourrir ; élever : coaguler, condenser.
δίαιτα, genre de vie ; DIÈTE.
  ✴ σκεθρὸς, exact ; excellent.
πέπτω, cuire ; digérer.

c. *Parole et silence.*

Μῦθος, *pp.* bouche, parole, discours.
γῆρυς, *onom.* voix, son. = κήρυξ 39.
Φθέγγομαι, *onom.* rendre un son ; parler.
Φάω, φῆμι, φάσκω, *onom.* parler, dire, 1. *D'où*
φωνή, voix ; φήμη, bruit, renommée.
Ἄω, αὔω, *onom.* dire, parler ; crier : *d'où*
αὐδή, voix, discours.
λάω, *onom.* dire, parler : 20, 33. *De là*
Λαλέω, *onom.* parler, bavarder, *et*
λάσκω (λάω), *onom.* parler ; critiquer, *et*
λάσθη, *onom.* moquerie ; discours méprisant.
Λέγω, *onom.* dire, parler ; réciter, lire : 24, 59, 74.
Ἔπω, *onom. pr. in.* dire. = ἀπύω 23.
βάζω (βαγ), *onom.* parler, dire : 36.
Ῥέω, *onom. pr. in.* dire, parler. *De là*
ἐρέω, dire : εἴρω, ἔρομαι, dire, interroger, *et*
εἴρων, dissimulé dans ses paroles, *et*
ἐρωτάω, interroger, questionner.
Φράζω, expliquer, exposer clairement.
Ἀ-ληθής, vrai (*à nég.* λάθω 26).
ἀ-τρεκής, véritable (*à nég.* τρέω 31).
Πείθω, conseiller ; persuader : *pass.* obéir.

Haute voix : cri, appel.

Καλέω, appeler ; nommer.. == κηλέω 52, κέλω 64.
ἀπύω, ἠπύω, ἰύω, dire, parler haut, crier ; == ἔπω 22.
θωΰσσω, *onom.* vociférer, pousser des cris.
γέγωνα, γεγωνέω, crier, parler fort.
ἰή, ἰωή, voix ; cri, clameur (ἴω 67).
ἰάχω, crier ; résonner (ἦχος 4). — ἰυγή, ἰωγή, cri.
Βοάω, *onom.* crier : βοή, cri.

Silence.

Σιγή *et* Σιωπή, silence.

d. Marche : station : session.

Εἶμι (ἔω, ἴω), aller, marcher.
Βαίνω (βάω), marcher, aller, marcher d'un pas assuré.
   De là
   βάδω, βαδίζω, marcher ; *et*
   βέβαιος, ferme, solide ; sûr.
Στάω *d'où* Ἵστημι, mettre debout ; établir : *intr.* être debout : 69.
Ὀρθὸς, droit, *dans tous les sens.*
Ἧμαι, s'asseoir, être assis (ἔω 67).
Ἕζω, Ἵζω, faire asseoir.
ἱδρύνω, asseoir ; ériger ; établir.
Θράω, être assis. Θρόνος, siége.
Θάσσω, être assis : θᾶκος, siége.

e. Sommeil : veille.

Ὕπνος, sommeil.
κῶμα, τὸ, COMA, sommeil profond.
κάρος, sommeil pesant ; indigestion.
Νεύω, *pp.* pencher ; branler la tête : 26. *De là*
νυστάζω, sommeiller en laissant aller sa tête.
Εὕδω, dormir : εὐνή, lit, gîte.
δαρθάνω, κνώσσω, *poét.* dormir.
ῥέγχω, *onom.* ronfler : hennir (*cheval*).
Κεῖμαι, être couché, situé, étendu. *De là*
   κοιμάω, coucher, endormir, *et*
   κοίτη, GÎTE, lit : lit *d'une rivière* : 43.

Ὕπτιος, couché sur le dos. = ὕπ-νος 23.
λέγω, λέχω, coucher, mettre au lit.
ὄναρ, τὸ, sommeil. Ὄνειρος, songe, rêve.
Ἐγείρω, éveiller : ἐγρηγορέω, être éveillé.
ὕπαρ, τὸ, état de veille ; vision véritable.

f. *Diverses actions naturelles.*

χρέμπτομαι, *onom.* tousser ; expectorer.
βρήσσω, *onom.* cracher en toussant.
πτύω, *onom.* cracher ; rejeter ; vomir.
πταίρω, *onom.* éternuer.
μύζω (μυγ), *onom.* MUGIR (MU).
μύσσω (μυγ), *onom.* moucher. μύξα, morve.
ἐρεύγω, *onom.* roter ; se jeter dans la mer (*fleuve*).
χαίνω, *onom.* s'entr'ouvrir ; bâiller. — χασμάομαι (χάω 68).
βορβορύζω, *onom.* BRUIRE (*entrailles*).
• πέρδω, βδέω, *onom.* péter, puer : = πύθω 4.
• ὀμιχέω, uriner. — *V.* οὖρον 17.
• κακάω, χέζω, caco.

III. *QUALITÉS DU CORPS DE L'HOMME.*

a. *Qualités avantageuses.*

Καλὸς, beau ; bon ; *mor.* vertueux.
Ἀλκὴ, force ; secours ; remède.
ἰσχὺς, force, puissance. = ἴσχις 20, ἔχω 57.
Βία, force ; violence. == βίος 21.
Σθένος, τὸ, force, vigueur (στάω 23).
• κίκυς, force, vigueur.
βριάω, être fort ; fortifier. = βάρος, φέρω, etc.
Ῥωννύω (ῥόω), fortifier. ῥώμη, force.
Ὑγιὴς, sain, bien portant.
Ἄρτιος, sain ; parfait ; propre à qr. ; pair (*nombre*) (ἄρω 83).
ἀρτεμὴς, sain, entier (ἄρω 83).
Σόος et σῶος, sain, sauf. *V.* σείω 65.
οὖλος, entier, sain ; — οὐλὴ, cicatrice : = ὅλος 1.

b. *Défauts du corps, difformités.*

Αἶσχος, difformité, laideur ; *mor.* honte.
• σιπαλὸς et σιφλὸς, difforme, hideux.

• φοξὸς, qui a la tête pointue. = ὀξὺς 84.

σιμὸς, camus.

τυφλὸς, aveugle ; obscur (τύφος 47).

πωρὸς, νενίηλος, ἀ-λαὸς, aveugle (λάω 20).

κωφὸς, sourd ; muet ; mor. stupide.

μύδος, μύτης, onom. muet (μύω 62).

• μογγὸς, onom. qui a la voix sourde ; rauque.

κερχνὸς, rauque (voix), enroué. κέρχω, enrouer.

βάττος, τραυλὸς, ψελλὸς, βλαισὸς, onom. bègue.

γαυσὸς, courbé ; voûté.

κυρτὸς, courbé ; bossu : = γυρὸς 60.

κυφὸς, ὑφὸς et ὑβὸς, courbé ; bossu (κύβη 17).

ῥαιβὸς, cagneux (en dedans). βλαισὸς, cagneux (en dehors).

πηρὸς, estropié. = πῆμα 34.

κυλλὸς, boiteux ; manchot ; courbé. =

χωλὸς, boiteux ; manchot ; mutilé.

σκάζω, boiter.

Παχὺς, épais, replet ; mor. stupide. = πηγνύω 63.

ἁδρὸς, gros, épais (ἅδω 50) = ἀδινὸς, ἀθρόος 95.

λεπτὸς, mince ; maigre : pp. écorcé (λέπω 9).

ψιλὸς, mince ; rare (poil) ; sans poil ; sans armes (soldat).

ἰσχνὸς, maigre (ἔχω, ἴσχω 57).

λιτὸς, simple ; vil ; chétif.

φαλακρὸς, chauve (φαλὸς 1, ἀκρὸς 6, ou κάρα 17).

ψαιδρὸς, ψεδνὸς, ψηνὸς, chauve (ψάω 46).

μαδὸς, chauve ; sans poils (μαδάω 3).

ὠχρὸς, pâle, jaunâtre (o nég. χρόα 92).

IV. ÂME DE L'HOMME.

(Ψυχὴ, souffle, respiration, vie : âme (ψύχω 4).

(πνεῦμα, τὸ, souffle, haleine : esprit (πνέω 4).

A. Intelligence.

a. Opérations de l'intelligence.

Νόος, intelligence ; pensée, dessein.

Φρὴν, esprit ; sens, raison. V. φρένες 18. De là,

Φροντὶς, pensée ; soin ; souci ; occupation.

Γινώσκω (γνόω), connaître : comprendre : se résoudre à.

Δάω, δαέω, δαίω, perdus : apprendre ; savoir ; enseigner :
  47, 49, 58. — De là

Οἶδα, *pp.* j'ai vu : je sais (εἴδω 20). *D'où*
ἴδμων, ἴστωρ, savant, instruit, *et*
Ἴσημι, savoir, connaître, *et*
ἐπ-ίσταμαι, savoir. ἐπιστήμη, science.
Δοκέω, paraître, sembler : croire. *D'où*
δόξα, opinion, croyance : opinion *des autres sur nous,*
    renommée.
Οἴω, οἴομαι, οἶμαι, penser, croire (οἴω 93).
Νομίζω, croire, penser, etc. *V.* νέμω, νόμος 58.
δι-στάζω, douter ; hésiter (δὶς 60, στάω 23).
δοιάζω, douter, hésiter (δύω 60).
ἀμφις-βητέω, contester, controverser (ἀμφὶ 60, βάω 23).
Μνάω, faire souvenir. μνάομαι, se souvenir (μένω 68).
Λανθάνω (λάθ) être caché, *ou* inconnu. λανθάνομαι, oublier.

b. *Qualités et perfections de l'intelligence.*

Σοφὸς, savant, habile : prudent, sage.
δῆνος, τὸ, prudence ; artifice (δάω 25).
μῆτις, prudence ; intelligence, *et*
μῆδος, τὸ, prudence ; dessein ; soin (μέδω 40).
πινὺς, bon sens, sagesse.
δίζω, chercher ; imaginer, inventer.

c. *Défauts de l'intelligence ; affections mentales.*

ἄλιος, vain, inutile. — ἠλεὸς, ἠλίθιος, sot, niais.
μάργος, fou ; insolent ; libertin.
Μωρὸς, extravagant ; insensé.
λῆρος, radotage ; futilité (λάω 22).
• βάκηλος, niais. • κοάλεμος, fou, insensé.
• μῶλυς, lourdaud ; ignorant.

B. Volonté

a. *Opérations de la volonté.*

Βούλομαι, vouloir.
Θέλω, ἐθέλω, vouloir.
λῶ, *poét.* vouloir. = λῆμα 30.
Ἑκών, spontané, volontaire. (εἴκω 27).
Ἀνάγκη, nécessité, contrainte (ἄγχω 35).
Νεύω, faire un signe de tête, 23 : promettre ; accorder.
ἀρνέομαι, refuser ; nier ; désavouer.

ἀν, ἀ *devant une consonne*, absence, privation, négation : *quelquefois* intensitif. *De là*
αἰνέω, refuser, *et*
ἀναίνομαι, refuser; désavouer, *et*
ἄνευ, *prép.* sans; hormis. = ἄν.
νὴ = ἀν, *négation inséparable* : νή-ποινος, impuni. — νή, *affirmatif*, = ναί, oui : νὴ Δία, oui, par Jupiter. *Son opposé est* μὰ = μή, non ; μὰ Δία, non, par Jupiter.

b. *Bonnes qualités de la volonté et du caractère. — Vertus.*

Ἔθος, τὸ, coutume, usage, *de*
Ἦθος, τὸ, demeure habituelle; habitude; caractère, mœurs (ἧμαι, ἕζω 23).
Ἀρετὴ, vertu; vigueur; valeur; mérite; talent.
Ἀγαθὸς, bon, vertueux : brave; habile.
ἀμείνων, βελτίων, meilleur.
ἀρείων, meilleur. *sup.* ἄριστος.
Ὅσιος, saint, juste, pieux. = ἅζω 62.
ἁγνὸς, pur, chaste, *et*
Ἅγιος, saint, pur, vénérable (ἅζω 62).
Αἰδὼς, pudeur; honte; respect (αἴθω 47).
ἔρευθος, rougeur (*pf.*)
αἱμύλος, flatteur, caressant; enjoué.
αὐστηρὸς, AUSTÈRE (αὔω 4).
ἀφελὴς, simple, frugal; modéré.
ἔκηλος, εὔκηλος, paisible, pacifique, *de*
Εἴκω, céder : 92. = ἥκω 53, ἔκων 26.
ἐπι-τηδὴς, propre à, convenable (τείνω 67).
Ἐσθλὸς, bon; brave, *et*
ἐῢς, bon : εὖ, *adv.* bien (ἕω 21).
Ἕτοιμος, prêt à, disposé à (ἑτὸς, ἕω 21).
ἥμερος, apprivoisé; doux; cultivé.
ἤπιος, bon, facile, clément.
ἤρεμος, paisible; doux (ἀρέω 63).
ἥσυχος, paisible, tranquille (ἧμαι 23).
Καλὸς, beau; bon; honnête.
νήφω, être sobre, *ou* prudent.
νωλεμὴς, assidu; continuel.
πρᾶος, doux, indulgent, affable.

Ὄνημι (ὀνάω), aider, être utile : 70.

ὀφέλλω, augmenter ; être utile. ὄφελος, utilité.

Φείδομαι, épargner, ménager.

c. Défauts moraux : vices.

1. Méchanceté.

Κακός, méchant ; mauvais ; lâche.

χείρων, pire.

φαῦλος, vicieux ; vil ; lâche.

ἀήσυλος, injuste ; malfaisant (ἀ nég. ἤδω 33).

αἴσυλος, malfaisant (αἶσα 61).

ἀπηνής, dur, inhumain.

ὠμός, cru (chair) ; vert (fruit) ; cruel, 48.

στρηνής, dur, brutal : délié ; clair. = τρανός.

2. a. Fanfaronnade. b. Insolence. c. Outrage. d. Moquerie.

σαλάκων, glorieux, fanfaron.

λάζω, être insolent (λάω 22). De là

λάζων et ἀλάζων, vantard ; fanfaron.

αὐχέω, se vanter, se glorifier.

εὔχομαι et καυχάομαι, se vanter : 31, 62.

λαπίζω, parler avec jactance.

κόμπος, haut parler ; jactance (κόπτω 84).

βρένθος, orgueil, arrogance.

ὕβρις, fierté dédaigneuse ; insulte. = ὑπέρ.

ἀγέρωχος, honoré ; hautain (ἀ–γέρας–ἔχω).

γαίω (γάω), être fier, se vanter. De là

γαυρός et ἀ-γαυρός, fier, altier.

δέννος, τό, injure, parole outrageante.

κῦδος, τό, outrage ; opp. honneur, 69.

λώβη, affront ; déshonneur ; dommage.

λάσθη, mépris ; affront ; moquerie (λάω 22).

λοίδορος, injurieux, outrageant ; médisant.

στέμβω, ἀτέμβω, outrager, insulter.

βασκαίνω, envier : médire, calomnier : FASCINER (φάσκω, φάω 22).

λῖρος, insolent, impudent : = λῆρος 26.

λαιδρός, impudent : nom, moquerie.

μῶκος, MOQUEUR, goguenard.

λάμυρος, farceur, bouffon.

τωθάζω, railler, se moquer.

Σκώπτω, railler, plaisanter.

χλεύη, risée, raillerie. = γελάω 33.

ἐρεσκελέω, railler, badiner (ἐρέω 22, κέλω 64).

σίφλος, *onom.* moquerie, persiflage.

πέρπερος, léger, badin.

3. Querelle; dispute; provocation.

Νεῖκος, τὸ, dispute, querelle.

δῆρις, querelle; combat (δαίρω 35).

Ἔρις, ίδος, dispute, débat, *et*

ἐρέθω, -ίζω, irriter, provoquer (ἐξέω 22).

4. Flatterie, adulation.

Κόλαξ, flatteur.

θὼψ, flatteur, louangeur. = θήπω 31.

αἰκάλλω, flatter, aduler (καλὸς 24).

κόβαλος, flatteur; fourbe.

5. Fourberie, tromperie, dissimulation.

φῆλος, trompeur (φάω 22, *ou* σ-φάλλω 29).

φέναξ, trompeur, fourbe.

Ψεύδω, tromper : frustrer.

Ἀπατάω, ἀπάφω, *poét.* tromper; (? *pp.* mettre hors du
    chemin (πάτος 76).

ἐλεφαίρω, tromper; séduire.

Σφάλλω, supplanter, renverser : tromper.

Δόλος, DOL, ruse, fraude (δέλω 92).

μύνη, prétexte. μύνομαι, prétexter.

6. Lâcheté, nonchalance, paresse.

Ὄκνος, fainéantise; crainte : *pp.* immobilité (ο *nég.* κινέω
    88).

νωθὴς, paresseux (νὴ 27; ὄθω 55).

βλὰξ, mou, lâche; sot.

σαυλὸς, mou; indolent (σάω 65).

βάταλος, mou, efféminé. ἀταλὸς 36.

Μέλλω, différer, temporiser; être sur le point de.

7. Gourmandise.

λιχνὸς, gourmand; *populaire*, lécheur (λείχω 71).

λαϐρός *et* μο-λοϐρός, glouton, vorace (λάϐω 21).
λαφύσσω, avaler gloutonnement. λάπτω 71.
βρόχω, βρύχω, dévorer, engloutir. 72.
σμώχω, manger goulument (σμάω 46).
δάπτω, dévorer, manger avidement.
κάπτω, manger, dévorer.
χναύω, plumer, épiler ; *mét.* être gourmand (χνόος 12).

8. Luxe, volupté, vie efféminée.

Θρύπτω (τρύφ), briser ; *mpr.* énerver. — τρύφη, volupté
= τρίϐω 93. — δρέπω 74, δρύπτω 93.
χλίω, amollir par la chaleur, 47 ; *mpr.* énerver par le
luxe, χλιδή ; vivre dans les délices.
σπατάλη, luxe ; délices (σπάω 7).
βαυκός, joli ; délicat.

9. Prodigalité, profusion.

Δαπάνη, dépense, frais (δάπτω 30).
σκορπίζω *et* σχεδάω *ou* κεδάω, dissiper, disperser.
αἰσιμόω, employer, dépenser.

10. Lubricité, libertinage.

μάχλος, lascif, lubrique.
μοιχός, adultère.
λάγνος, lubrique (λά, γύνη 37).
ἀσέλγης, insolent ; — débauché.
πόρνη, κάσσα *et* κασάλϐη, courtisane.

C. États, affections et passions de l'âme.

Πάθος, τὸ, *toute* affection physique *ou* morale ; souffrance,
passion. = πάσχω 88 ; πόθος 31.

1. *Grandeur d'âme, courage, etc.*

Θυμός, *tout* mouvement de l'âme ; âme, vie ; courage,
colère (θύω 32).
Ταλάω, τλάω, porter ; tolérer, endurer ; oser. *De là*
Τόλμα, audace, hardiesse.
Θάρσος *et* θράσος, τὸ, audace, assurance.
λῆμα, τὸ, fermeté d'âme (λά 26).
μένος, τὸ, courage, intrépidité (μένω 68).
ἀμαιμάκετος, belliqueux (μάχομαι 68).
ἴτης, brave ; téméraire (ἴω 23).

* δαυχός, hardi, audacieux.
ἶφι, adv. avec courage.

2. Surprise, admiration.

βαβαί et παπαί, interj. oh! ah!
Ἀ, interj. ah! De là
Ἀγάω, admirer; vénérer : envier, haïr. = ἄζω 62.
    ἔχθός 32.
Θάω, θαύω, regarder fixement; admirer. = θαῦμα, merveille. = θεά 33. ηρέω 71. De là
Θάμβος, τό, étonnement, stupeur; et
Θήπω (θαπ), pr. inus. admirer; flatter.

3. Crainte, ses effets. — Menaces.

Δέος, τό, crainte, frayeur. De là
Δείδω et δίω, craindre; et
Δειλός (δε-ιλός), craintif; lâche; et
Δεινός (δε-ινός), effrayant, terrible.
πτόα, frayeur. — πτώσσω, πτήσσω, avoir peur.
Ταράσσω (ταραχ), agiter; troubler.
τάρβος, τό, trouble, effroi.
Τρέω d'où τρέμω, trembler.
Φέβομαι, être effrayé; craindre; fuir.
ἀτύζω, épouvanter, stupéfier.
σοβέω, faire sauver, effaroucher : onom. sou. — marcher fièrement. = σόω 65.
Ἀπειλέω, menacer; se vanter en menaçant.

4. Espérance.

Ἔλπω, faire espérer : ἔλπομαι, espérer.

5. Désir, regret.

Πόθος, désir; regret. = πάθος 30.
ἵμερος, désir; amour (ἵημι 67).
ὀργάω, désirer ardemment (ὀργή 32.
Μάω, pp. mouvoir : rechercher avec ardeur. De là
μαιμάω et μαίομαι, désirer ardemment; et
ματέω, μαστεύω, rechercher avec ardeur.
ἔλδομαι, γλίχομαι, poét. désirer.
λίπτω, λιλαίομαι, désirer.
Εὔχομαι, désirer; souhaiter : 28, 62.

6. Colère, fureur : mauvaise humeur.

Θύω, être furieux ; se ruer. = Θέω 56, 63.

Ὀργή, pp. énergie : désir violent ; colère, sign. usuelle (ἔργω 82).

χόλος, bile, 17 ; colère.

ὀδύσσω, se fâcher. ὀδύνη 89, ὀδύρομαι 34.

Μαίνομαι (μάν), être fou ; être furieux.

ὀχθέω, s'indigner (ἄχθος 93).

Ἀγανακτέω, s'indigner ; n'en pouvoir plus de colère (ἄγαν 39, ἀγνύω 64).

νέμεσις, indignation contre le mal (νέμω 58).

σκύζω et σκύθομαι, être de mauvaise humeur.

τονθορύζω, onom. murmurer, gronder.

7. Envie, jalousie, haine.

ζῆλος, ardeur, mét. zèle ; rivalité ; jalousie (ζέω 47).

Φθόνος, envie, jalousie (φθέω 89).

μεγαίρω, envier, jalouser (μέγας 37).

βασκαίνω, envier ; médire : 28.

Ἔχθος, τὸ, haine. = ἄχθος 93, ἀγάω 31.

Μῖσος, τὸ, haine, aversion. = μῦσος 34, et μυδάζομαι, μυσάττομαι, détester (μῦσος 34).

κότος, ressentiment, rancune.

Στυγέω, haïr, détester. = στίζω 74.

βδελύσσομαι, avoir en horreur (βδέω 24).

8. Affection, amitié, amour.

ἔτης et ἕταιρος, compagnon ; ami.

Φίλος, ami : φιλέω, aimer ; baiser.

Ἀγαπάω, aimer : se contenter de.

Στέργω, chérir : pp. étreindre.

Ἀσπάζομαι, embrasser ; saluer ; accueillir avec bonté (σπάω 7).

Θέλγω, caresser : adoucir : — ἀ-θέλγω 73.

9. Pitié, compassion.

Οἶκτος, pitié ; lamentation (οἶ 33).

Ἔλεος, pitié ; aumône.

ἱλάω, -ημι, être propice, favorable.

10. Bonheur, jouissance : 2. Joie, plaisir : Rire.

Εὖ, *adv.* bien, heureusement (εὖς 27).

Λάω, λαύω, jouir, *pp.* prendre.

Χαίρω (χαρ), se réjouir. χαῖρε, salut !

Ἅδω, ἀδέω, ἀνδάνω, plaire, *d'où*

Ἡδύς, joyeux : doux. ἥδω, réjouir.

ἄσμενος, gai, content.

χρήγυος, *poét.* agréable, bon, utile.

Γάω, *pr. perdu*, être fier, 28 : — se réjouir : produire ; *d'où*

Γήθω, γάδομαι, se réjouir.

γάνος, τὸ, joie, plaisir : éclat (*pf.*).

ἀγαλλιάω, bondir de joie.

Τέρπω, délecter, charmer.

Γελάω, *pp.* briller ; rire : se moquer.

μειδάω, μειδιάω, sourire.

καγχάζω, *onom.* ricaner : se moquer.

11. Malheur, infortune.

δύη, malheur ; misère.

Δύς, *part. insép.* malheur, peine, difficulté.

πῶρος, infortune ; affliction : 89. = πῆμα 34.

τάλας, = τλήμων, malheureux (ταλάω 30).

σχέτλιος, malheureux.

μέλεος, *poét.* vain, malheureux.

Ἒ, *interj.* eh ! hé ! *cri de douleur.*

Οἲ, *interj.* hi ! ha ! hélas !—οἴ-μοι, hélas pour moi ! *De là*

οἰμώζω, gémir, se lamenter, *et*

ὀϊζύς, malheur ; misère ; peine ; *et*

οἶτος, calamité ; mort. = οἶκτος 32.

Αἲ *et* ἆ, *interj.* haïe ! *De là*

αἰάζω, se lamenter, *et*

αἰανὸς, déplorable, *et*

αἰνὸς, horrible, fâcheux : brave, *et*

αἰβοῖ, *interj.* haïe, hélas !

φεῦ, *interj.* hélas ! ah !

12. Douleur, chagrin, tristesse, lamentations.

Λύπη, douleur ; tristesse.

ἀνία, tristesse, chagrin.

μερ–μαίρω, être inquiet, incertain (μείρω 58). De là
μέριμνα, souci, peine d'esprit.
ἀλύω, être chagrin. = ἀλάομαι 54.
Ἄχω, affliger, faire souffrir. De là
ἀσχάλλω, être affligé, chagrin.
Ἄλγος, τὸ, douleur. = ἔλεγος 21 (ἁ 33, λέγω 22).
Θρῆνος, lamentation (θρέω 65).
Στένω, gémir, soupirer (στενός 40).
γόος, onom. gémissement ; γοάω, gémir.
Κλαίω, onom. pleurer, déplorer.
λύζω (λυγ), onom. sangloter : — λυγρός, lugubre, fâ-
     cheux. λοιγός 21. De là
ὀλολύζω, onom. hurler de douleur.
ὀλοφύρομαι, onom. déplorer, pleurer.
ὀδύρομαι, se lamenter. = ὀδύνη 89.
κινύρομαι, gémir.
κωκύω, se lamenter, pleurer.
τίλλω, tirer et arracher les cheveux.

D. Crimes ; souillure.

Actions mauvaises et nuisibles, effets des passions.

Μῦσος, τὸ, crime abominable. = μίαρος 32.
Ἄγος, τὸ, objet de vénération ou d'horreur, crime ; ex-
     piation (ἄζω 62).
ἀλιτέω, commettre un crime (ἀλάομαι 54).
ἀλισγέω, polluer, profaner.
Μιαίνω, souiller ; teindre. = μιαρός, scélérat, 94.

1. Dommage ; actions nuisibles.

Βλάπτω (βλαβ), blesser ; nuire (βάλλω 56).
δηλέω, détruire ; ravager ; violer un traité (δαίω 45).
σίνω, nuire ; dévaster.
ἴπω, ἴπτω, blesser, nuire.
πῆμα, τὸ, mal, dommage (πάω, presser, d'où πάσχω 88).
ἀάω, blesser : — rassasier ; d'où ἄδω 50, et
ἄτω, blesser : ἄτη, dommage : οὐτάω 68. De là
ἀτάσθαλος, méchant, pernicieux, et
ἀτέμβω, affliger ; frustrer.
ἐπηρεάζω, calomnier ; outrager : persécuter (ἐρέω 22).
σκύλλω, tourmenter, importuner.

2. *Coups, blessures, mutilation.*

Παίω, Πατάσσω, *onom.* frapper, ʙᴀᴛᴛʀᴇ.
Τύπτω, *onom.* frapper, ᴛᴀᴩᴇʀ ; blesser.
Πλήσσω (πλαγ), *onom.* frapper ; blesser.
δαίρω, ϑείνω, frapper, battre.
Κολάπτω, frapper ; creuser en frappant. ═
Κολούω, mutiler : κολός, κολοβός, mutilé. ═ κλάω 85.
ἀμύσσω, écorcher, égratigner.
ἀἰκία, mauvais traitement, sévices.
Ὄλλυμι (ὀλ–ω,–έω), perdre ; faire périr.

3. *Meurtre, strangulation.*

ἔνω *d'où* Φένω, tuer : φόνος, meurtre. *De là*
αὐθέντης, suicide ; qui tue de sa main : qui agit de sa
    propre autorité ; maître.
Ἄγχω, serrer, étrangler.
Πνίγω, étouffer, étrangler (πένομαι 82).
βρόχος, corde à nœud coulant, lacs.

4. *Vol : brigandage : recel.*

φώρ, φωρός, voleur (φέρω 93).
Κλέπτω, dérober ; cacher ; tromper. ═ καλύπτω 34.
Κρύπτω, cacher ; couvrir, voiler.
Κεύθω, cacher ; *intr.* être caché (κάω, *etc.* 47).
λεία, proie ; butin ; capture (λάω 33).
Ἁρπάζω, enlever ; piller.

ÉTAT SOCIAL.

§ I. Société en général.

Κοινός, commun : vulgaire : sale, impur. — κοινωνία,
    société.
Σύν, *att.* ξύν, *prép.* (*réunion*), avec, ensemble : *d'où*
ξυνός ═ κοινός, commun.

Μετὰ, *prép.* (*participation*), avec : *en comp.* transport,
passage.

I. Nation , peuple : population.

Ἔθνος, τὸ, nation (ἔθος 27).
Λαὸς, peuple ; multitude ; armée.
Δῆμος, peuple ; tribu ; bourgade (δέω 69).
Πλῆθος, τὸ, multitude ; abondance : *de*
Πολὺς, nombreux ; grand. *comp.* πλείων. == πλέος 50,
    πόλις 39.
Ὀλίγος, peu nombreux ; petit.
φυλὴ, tribu : famille (? φύω).
φράτωρ *et* φρατήρ, *prim.* frère ; de la même tribu.

II. États et rapports mutuels des hommes entre eux.

A. Ages ; sexes ; taille.

a. *Ages.*

Ἡλίκος, combien grand. — *Corr.* τηλίκος, πηλίκος. *De là*
ἡλικία, âge ; taille.
βρέφος, τὸ, enfant *à la mamelle.* == φέρω 93.
Παῖς, παιδὸς, ὁ, ἡ, enfant. == petit.
νήπιος, enfant : niais.
ἀταλὸς *et* βάταλος, jeune, délicat.
ἁπαλὸς, délicat, tendre.
μαλὸς *et* ἀμαλὸς, tendre, délicat.
ὄρφος, ὄρφανος, privé de ; orphelin.

Vocabulaire de la première enfance.

βα-βα, *onom.* vagissement. *De là*
βάζω (βαγ) *et* βαβάζω, vagir ; bégayer ; *et*
βαμ-βαίνω, balbutier, bégayer.
· βρῦν, *onom.* cri *pour boire.* — βρύλλω, boire.
· μαμμᾶν, *onom.* ma-ma, cri *pour manger.*
πάππας, pa-pa. *V.* πατήρ 38.

———

Ἥβη, puberté, jeunesse. *De là*
    ἁβρὸς, *pp.* jeune ; délicat ; efféminé ; fier. *Et*
    ἡβαιὸς, βαιὸς, petit.

Νέος, nouveau ; neuf ; jeune.

Κόρος, jeune garçon : κόρη, jeune fille ; prunelle de l'œil.

μεῖραξ, πάλλαξ, adolescent, jeune homme.

ἀΐζηος et ἠΐθεος, ἤθεος, jeune.

Ἀνήρ, homme fait ; mari.

Γέρων, vieillard ; γραῦς, vieille : γῆρας, vieillesse.

Πρέσβυς, vieux ; respectable. == πρέπω 40.

  σεμνός, respectable, vénérable (σέβω 62).

  βραδύς, lent, tardif (βαρύς 81).

  πολιὸς, chenu, BLANC.

  φαρκὶς et ῥυτίς, ride (ῥύω 37).

  ῥικνὸς, ridé ; voûté.

  λορδὸς, voûté, courbé

  πρηνής, penché en avant (πρό 56).

Κλίνω, INCLINER ; courber : == κλάω 85.

Κάμπτω, courber, plier.

χῆρος, pp. séparé ; veuf (χάω 68).

b. Sexes.

πόσις, poét. époux, mari.

Ἄρρην et ἄρσην, mâle ; vigoureux.

Γύνη, femme ; épouse. == γείνομαι 21.

θῆλυς, féminin (θάω 38).

c. Taille.

Ὅσος, combien grand : corr πόσος, τόσος.

γίγας, -αντος, géant (γῆ 5 — γάω 33).

Μέγας, grand. == μακρὸς 79.

νάνος, NAIN. — βατύλη, naine.

Μικρὸς, μινυὸς, petit.

μείων, moindre, plus petit.

ἐλαχὺς, petit, chétif.

B. Mariage et ses suites.

φέρνη, dot de la femme (φέρω 93).

ἕδνα, présents de noces ; dot.

μνάω, rechercher en mariage (μένω 68).

παρθένος, vierge, jeune fille.

νύμφη, fille nubile ; nouvelle mariée ; NYMPHE.

ὀπυίω, épouser (homme).

Γαμέω, se marier.
• παλία, le lendemain des noces.

κυέω, être enceinte (κύω 47). *V. κίσσα* 12.
ὠδίν, douleur de l'enfantement ; violente douleur. =
    ὀδύνη 89.
Τίκτω, enfanter ; pondre (*oiseaux*).
• μαῖα, sage-femme ; nourrice ; grand'mère.
Θάω, *onom. perdu*, allaiter, nourrir, TÉTER ; *d'où*
Θῆλυς, féminin, femelle, 37 ; θηλή, mamelon.
τιτθὸς, mamelle ; — τίθη *et* τήθη, nourrice.
τυτθὸς, petit.
τιθασὸς, apprivoisé ; cultivé (*plantes*).
μάζος *et* μαστὸς, mamelle : colline.
Κολπὸς, sein, enfoncement : GOLFE.
σπαργάω, σφριγάω, se gonfler (*mamelles*).
σπάργω, emmailloter (σπεῖρον 43).
εἰλέω, entortiller. — εἱλέω, resserrer. = ἑλίσσω 1.

C. Parenté.

Πατήρ, père. — πάππας *et* ἀπφὺς, papa, père.
Μήτηρ, mère.
Παῖς, παιδὸς, enfant ; fils *ou* fille.
Υἱὸς, fils.
Θυγατήρ, fille.
Μόνος *et* Οἶος, seul, unique (μένω 68).
δίδυμός, double ; jumeau (δύω 60).
νόθος, illégitime, bâtard.
Ἀδελφὸς, frère (ἀ=ἅμα, δέλφυς 19).
κάσις, *poét.* frère, sœur ; cousin.
πάππος, aïeul ; grand-père.
τήθη, nourrice, 38 ; aïeule ; tante (θάω 38).
θεῖος, νέννος, oncle.
ἀνεψιὸς, -ὰ, cousin, cousine.

D. Alliance.

κῆδος, τὸ, alliance : soin, 21.
πάω, acquérir, posséder, 57 ; s'allier.
ἑκυρὸς, -ὰ, beau-père, belle-mère.
πενθερὸς, -ὰ, beau-père, belle-mère.

— 39 —

γαμ6ρὸς, gendre ; beau-père ; beau-frère ; parent, allié
 (γαμέω 38).
νυὸς, bru : belle-sœur : γάλως, belle-sœur.
δαὴρ, δάειρα, frère, sœur du mari.
εἰνάτειρ, femme du beau-frère.

E. Voisinage.

γείτων, voisin : γείταινα, voisine.

III. DIVERSITÉ DE CONDITION ET DE FORTUNE.

Πόλις, ville, cité ; l'état ; république. — πολίτης, citoyen.
Ξένος, étranger ; étrange : hôte.
Βάρβαρος, BARBARE, c.-à-d. étranger.
Ἐλεύθερος, libre (ἐλεύθω 53).
Δοῦλος, esclave, serviteur (δέω 69).
εἵλως, HILOTE, esclave à Sparte (ἕλω 21).
μόθαξ, esclave né dans la maison (μόθος 83).

Diversité de fortune.

Πλοῦτος, abondance ; richesse (πλέος 50).
Ὄλβος, richesse : bonheur.
ἄφενος, τὸ, revenu, richesse (? ἔνος 2).
γάζα, richesses, trésor : mot oriental.
θησαυρὸς, trésor, garde-meuble.
περισσὸς, superflu ; qui surpasse ; impair (nombre) (περί,
 par-dessus), 60.
ἄγαν et λίαν, adv. beaucoup ; trop.
ἱκανὸς, suffisant ; propre à (ἵκω 53).
ἀρκέω, suffire ; se contenter : 2, 68.
Δέω, manquer : être éloigné. — δεῖ, il faut (=manque).
 — δέομαι, avoir besoin, demander. = δέω 59, 69.
πτωχὸς, pauvre, mendiant.
χατέω, être pauvre, avoir besoin (χάω 68).

IV. POUVOIR, COMMANDEMENT, MAGISTRATS.

Ἄναξ, grand, prince, roi (ἀνὰ 42).
Βασιλεὺς, roi. — Τύραννος, roi ; TYRAN.
πρύτανις, PRYTANE, magistrat.
Κήρυξ, héraut, crieur public. = γῆρυς 22.
Κῦρος, τὸ, autorité : point principal. De là

κοίρανος, *poét.* prince, maître, *et*
κρέω, *poét.* régner, commander, *et*
Κράτος, κάρτος, τὸ, force, puissance ; victoire, *et*
κρείσσων, plus fort ; meilleur.
Ἄρχω, être le premier, le chef : commander ; commencer.
Πρέπω, exceller ; convenir à. = πρό.
Δύναμαι, pouvoir, être puissant.
δεσπόζω, commander : δεσπότης, maître.
ἔπω, opérer ; gouverner. ἔπω 22.
μέδω, *pp.* moDérer ; régir : soigner.
Νέμω, diriger, gouverner : faire paître, 71 : distribuer :
    régler : habiter, cultiver, 58, 71.

§ II. Habitation en général.

A. Villes et villages. Fortifications.

Ἄστυ, τὸ, ville. *V.* πόλις 39.
κώμη, bourg ; quartier *de ville.*
ἐχυρὸς, ὀχυρὸς, fortifié ; sûr (ἔχω 57).
ἕρκος, τὸ, clôture, enceinte (εἴργω 59).
Τεῖχος, τὸ, mur ; rempart (τεύχω 83).
τύρρις, τύρσις, touR ; rempart ; enceinte fortifiée.
πύργος, tour. πέργαμον, montagne, citadelle.
• μόσσυν, tour *ou* mur de bois ; tribunal.
• θριγκὸς, créneau : κρόσσαι, créneaux.
Πύλη, porte *d'une ville.* *V.* θύρα 41.

B. Parties d'une ville ; édifices.

Ὁδὸς, chemin, route ; rue ; voyage, marche.
ἀγυιὰ, rue ; carrefour (ἄγω 65).
    εὐρὺς, large, vaste.
    στενὸς, étroit, resserré.
    εὐθὺς *et* ἰθὺς, droit (ἔω, ἴω 23).
    σκολιὸς *et* δοχμὸς, tortueux ; oblique. *V.* λέχριος 60.
Ἀγορὰ, place publique ; assemblée ; harangue ; marché
    (ἀγείρω 85).
πλατὺς, spacieux ; plat.
Ναὸς, temple (ναίω 41).
Οἶκος, habitation, maison.
Γέφυρα, pont : *mot oriental.*

ἀμάρα, rigole ; égout.
 ◦ ὀχετὸς, aqueduc ; égout (ἔχω 57).
 ◦ σωλὴν, canal, conduit.

C. Habitation : domestiques : soins : propreté.

Ναίω, habiter. — *V.* ἦθος 27.
ἰαύω, habiter, séjourner : dormir.

———

ταμίας, intendant : trésorier (τέμνω 94).
θεράπων, serviteur. θεραπεύω 90.
λάτρης, serviteur : λάτρον, salaire (λάω 33).
θὴς, mercenaire ; *fém.* θῆσσα.
Μισθὸς, salaire, récompense.
 ◦ ἄβρα, jeune servante (ἀβρὸς 36).

———

κονέω, se hâter ; servir avec zèle. = κινέω 88.
ὄθη, soin ; égard (ὄθω 54).
ὄπις, soin ; vengeance divine (ἔπομαι 54, ἔπω 40).
ἐμπάζομαι, soigner ; s'occuper de (ἔπω 40).
Μέλει, on a soin, on s'occupe.
κῆδος, τὸ, soin ; souci : 21, 38.
Καθαίρω, nettoyer ; purifier.
κορέω, balayer ; nettoyer.
σαίρω, balayer : montrer les dents.
σύρω, traîner ; balayer.
ὀμόργνυμι, *pp.* presser : essuyer ; empreindre. =
    ἀμέργω 76.

D. La maison.

a. *Parties d'une maison.*

Τόπος, lieu, place, site.
Πέδον *et* δάπεδον, sol ; plancher.
Ἔδαφος *et* οὖδος, sol ; plancher.
θέμηλον, fondement (θέω 88).
τοῖχος, mur de maison, = τεῖχος 40.
στύλος *et* κίων, colonne (στάω 23, κίω 53).
στόα, portique, galerie (σταω 23).

b. *Porte, fenêtre, escalier.*

Θύρα, porte : θυρὶς, fenêtre.

βηλός *et* ὀδός, τὸ, seuil.
† φλιά, jambage d'une porte ; linteau.
Θαιρὸς, gond ; essieu *de roue*, 86.
• γιγγλυμὸς, gond, charnière.
• βαλανὸς *et* τύλαρος, verrou.
• κορώνη (corneille, 12), marteau *de porte*.
Κλείω, fermer. = κλέπτω 35.
Οἴγω, ouvrir.
κλίμαξ, échelle, escalier (κλίνω 37).
Ἀνά, *prép.* ascension ; mouvement rétrograde ; réitération. ἄνω, *adv.* en haut.

c. *Plancher.*

δοκός, ἡ, poutre.
• κατῆλιψ, poutre ; plancher ; toit ; échelle.
πίναξ, planche, ais, 59 (πῖνος 9).
• ἴκριον, plancher, échafaud : 64.

d. *Chambres, appartements.*

μέγαρον, *poét.* palais ; appartement (μέγας 37).
μέλαθρον, *poét.* maison, palais ; appartement.
Θάλαμος, chambre à coucher ; appartement : lit, lit nuptial.
καμάρα, voûte (κάμπτω 37). — Θόλος, dôme, voûte.
ὦον, le haut de la maison.

e. *Toit.*

τέγη *et* στέγη, toit : στέγω, couvrir.
ἐρέφω, couvrir : ὄροφος, toit.
κολοφών, faîte, comble. = κορυφὴ 6.
• γεῖσον, larmier, saillie du toit.

f. *Cour : puits.*

αὐλή, cour ; basse-cour ; étable : cour *d'un roi* : salle.
φρέαρ, τὸ, puits, citerne. *V.* λάκκος 7.
Ἀρύω, ἀρύτω, puiser, épuiser.
ἀφύω, puiser, tirer en puisant.
τηλία, τηλία, seau ; crible, *etc.* (σήθω 75).
ἱμάω, tirer avec une courroie ; puiser (ἱμάς 84).

E. Ameublement.

, ἔπιπλα, τά, meubles, mobilier. V. σκεῦος 66.

εὐνή, lit (εὕδω 23). κοίτη 23.

κλίνη, lit : κλιντήρ, fauteuil (κλίνω 57).

, παστός , lit nuptial : rideau de diverses couleurs (πάσσω 48).

, ἀσκάντης, petit lit. — δέμνιον, couchette.

, κράβατος, lit, GRABAT ; hamac.

, κυπάς, couverture de lit; manteau.

Στορέννυμι (στορέω), renverser, étendre. = στρώννυμι 72.

τάπης et δαπίς, TAPIS, couverture.

, κάσας, tapis velu des deux côtés.

, αὐλαῖον, rideau, tapisserie (αὐλή 42).

Τράπεζα, table.

Ἕδος, τό, siége (ἔζω 23).

λάρναξ, coffre, armoire.

κιβωτός, coffre ; arche.

, κάψα, cassette ; armoire.

, πύελος, coffre, armoire : 45.

, σιπύη, huche, maie.

ἄγγος, τό, vase, urne : = ἄγχω 35.

ἄλεισον, vase ciselé (ἀ-λεῖος 95).

εἴς-οπτρον et κάτ-οπτρον, miroir (ὄπτομαι 20).

λύχνος, lampe, flambeau.

, κλωβός, cage d'oiseau (κλέπτω 35).

, λάσανον, chaise percée : 46. — ἀμίς, pot de chambre.

F. Vêtements.

Ἕννυμι, revêtir (ἕω 67). De là

εἶμα et ἷμα, τό, d'où ἱμάτιον, vêtement, et

ἐσθής, vêtement.

σπεῖρον, vêtement, couverture : = σπάργω 38.

σκέπω, couvrir, envelopper.

Καλύπτω, couvrir, cacher. = κλέπτω 35.

Couleur des vêtements.

Λευκός, blanc, brillant ; = λεύσσω 20.

ἀλφός, blanc.

Μέλας, noir. = μολύνω 46.

πελός, noir, noirâtre. — πέρκος, tacheté de noir.

φαιὸς, brun, châtain. — φόλυς; roux.
πυῤῥὸς *et* κιῤῥὸς, roux, rougeâtre (πῦρ 47).
κύανος, azur ; κυάνεος, bleu.
γλαυκὸς, verdâtre. *V.* χλόα 72.
ξανθὸς, jaune ; blond ; roux.
ἔρευθος, τὸ, rougeur ; ἐρυθρὸς, rouge.
Ποικίλος, bigarré, varié (πείκω 45).

Nouveauté, vétusté, usure.

καινὸς, nouveau, récent. *V.* νέος 37.
σαθρὸς, pourri, gâté ; vieux.
τρύω, τρύχω, — *et* τρίβω, user en frottant : *mét.* vexer ;
    exténuer : 93.
ῥάκος, τὸ, haillon, guenille (ῥάσσω 85).
λῆδος, vêtement usé *ou* d'étoffe légère.

1. *Vêtements d'homme.*

χιτών, tunique ; vêtement de dessus.
χλαῖνα, vêtement extérieur.
βεῦδος, τὸ, robe de pourpre. — κάνδυς, habit persan.
τήβεννα, longue robe, toge romaine.
σαράβαλλα, τὰ, bas. — ἀναξυρίς, large pantalon.
βράκος, braie, pantalon.
ἰσάλη, habit de peau de chèvre.
σισύρα, habit de peau avec son poil.
λώπη, peau, fourrure. = λέπος 9.

2. *Vêtements de femme.*

λαῖφος, τὸ, robe d'une étoffe très-mince.
καλάσυρις, longue robe de lin (χαλάω 92).
κύπασσις, mante *ou* voile de femme.
σινδων, toile *et* robe fine de lin.
πέπλος, PEPLUM, long voile.
κρήδεμνον, voile, mantelet.
Ζώννυμι (ζώω) ceindre. — ζώνη, ceinture.
κεστὸς, *pp.* brodé ; CESTE, ceinture (κέω 47).

3. *Coiffures.*

τιάρα, TIARE, *coiffure orientale.*
κίδαρις, chapeau royal *ou* sacerdotal.
πῖλος, feutre ; chapeau de feutre ; balle.

4. *Chaussures.*

πέδιλον, chaussure (πούς 20).
κρηπίς, base ; pantoufle, sandale.
σάνδαλον, SANDALE (σανίς 90).
• βλαῦται, pantoufles. — ἀρβύλη, bottine.
• καυκίς, pantoufle de femme.
• ἀσκέρα, chaussure fourrée.
• καρβατίνη, chaussure grossière.
• ἤλιψ, soulier (? ἀλείφω 56).
• φαικάσιον, chaussure des dieux *et* des prêtres.

G. Toilette de femme.

Ἀγάλλω, parer, orner. *De là*
Ἀγλαὸς, brillant, beau. = αἴγλη 2.
Στέλλω, disposer, mettre en état : équiper : orner, parer :
     expédier, envoyer.
κάζω, orner (κάω 47). κοσμὸς 1.
κομέω, ajuster : soigner. =
κομμὸς, parure affectée. =
κομψὸς, élégant, joli. =
Κόμη, chevelure soignée : feuillage.
ἔθειρα *et* χαίτη, *poét.* chevelure ; crinière.
Θρίξ, τριχὸς, cheveu, poil *en général.*
βόστρυχος, κίκιννος, boucle de cheveux.
κρώβυλος, touffe de cheveux noués.
οὖλος, frisé, crépu (*cheveux*) ; = ἴλω 1.
Πείκω, peigner ; carder : *pp.* PIQUER.
κτείς, κτενὸς, peigne.
Χρίω, frotter, oindre (χείρ 19). *De là*
χρίμπτω, appliquer ; frotter : s'approcher : s'appuyer.
φῦκος, fard : 7. *V.* μίλτος *et* ψίμυθος 92.

H. Bain.

βαλανεῖον, bain.
πύελος, baignoire ; bain de pieds : 43.
πέλυς, baignoire ; bassin.
Λούω, laver, baigner. *De là*
λῦμα, τὸ, crasse, ordure (*ou* λύω 69).
ῥύπος, πίνος *et* ἄρδα, crasse, saleté.

μάσσω (μαγ), essuyer : manier, pétrir : MASSER : 84.

Ψάω, ψήχω, *onom*. frotter : râcler : broyer, émietter.
    ψίω, ψίχω, ψώχω.

σμάω, frotter : oindre. — σμήχω, essuyer.

• στλεγγίς, στελγίς, strigille, *étrille de bain*
• σάβανον, frottoir *pour s'essuyer au bain*.

I. Opération de se raser.

Ξέω, ξύω (σκέω), *onom*. râcler : raser : fendre, couper.
    — ξυρός, rasoir.

Κνάω, κνίζω, raser : démanger ; gratter : égratigner.

J. Lavage, séchage et pliage du linge.

ὀθόνη, linge : voile *de navire*, 64.

λῖς, λιτὸς, linge fin.

Μολύνω, Μορύσσω, souiller, salir. = μέλας 43.

Πλύνω, laver *le linge*.

Νίπτω (νιφ), laver : mouiller.

κόνις, poussière : cendre ; lessive.

• σάπων, SAVON, *mot gaulois, selon Pline*.

πετάω, étendre. = πίπτω 69, πέτομαι 12.

σείρω, chauffer, sécher. σείρ, soleil, *et*

τέρσω, faire sécher : τάρσος, claie. = Θέρω, chauffer, sécher : Θέρος 3.

πτύσσω (πτυχ), plier, retrousser.

Ἀ-πλόος, *pp*. sans PLI, simple, *et*

Δι-π λόος, double, *pp*. PLIÉ en deux.

K. Cuisine.

μάγειρος, cuisinier.

• ἄρταμος, cuisinier ; boucher, 83 (ἄρω 83).

a. Ustensiles, batterie.

• ἐλεὸς, table de cuisine. *V*. ἔντεα 66.

ἄγγος, vase. = ἄγχος 6.

λέβης, chaudron ; bassin (λείβω 63).

χύτρος, marmite, chaudière.

• τίνθος, chaudière. — πιθαλέος, chaud.

• κακκάβη, marmite.

• λάσανον, vase à trois pieds : 43.

• ἄμβιξ, vase, pot. — στάμνος, urne (στάω 23).

• κάλπη, cruche ; seau. — βίκος, amphore.

• ἄττανον, poêle à frire.
• ἰπνός, four portatif : cuisine ; cheminée.
κλίβανος, four ; four portatif.

b. Foyer, feu et tout ce qui y a rapport.

ἑστία, foyer : maison. — Vesta (αἴθω 47). De là
ἑστιάομαι, traiter qq. à table.
ἐσχάρα, foyer, âtre : gril : autel.
ἀδία, foyer ; autel.
Πῦρ, feu. — πύρ-αγρα, pincette.
ῥιπίς, soufflet ; éventail (ῥίπτω 67).
Ἅπτω (ἀφ, ἀυ), onom. allumer : 74.
Αὔω, allumer : sécher, 4. = Ἅπτω.
εὔω et εὕω, brûler, passer au feu. = αὔω.
Αἴθω, allumer ; briller comme un corps en feu ; noircir
    au feu.
Δαίω, brûler. — δαλός, tison : 25, 49.
Καίω, allumer, brûler.
[κάω, κέω, κίω, κόω, κύω, piquer ; couper, fendre, creuser,
    d'où cavité et convexité.]
Φλέγω, enflammer. φλὸξ, flamme.
Πρήθω (πράω), brûler, incendier (πῦρ 47).
σπινθήρ, ὄστλιγξ et φέψαλος, étincelle, flammèche.
Σβέννυμι (σβέω), éteindre.
ψωλός, tison.
ἄνθραξ, charbon : escarboucle, 8.
Τύφος, fumée ; fig. vanité.
καπνός, fumée : fumet des viandes.
λιγνύς, flamme ; fumée ; suie.
ἄζα, ἀσβόλη, suie (ἄζω 4 ; αἴθω 47).
σποδός, τέφρα, cendre, poussière (pf.).
μαρίλα, cendre rouge ; braise (μαίρω 2).

c. Préparation des aliments.

Ἕτοιμος, prêt : ἑτοιμάζω, préparer.
Κλύζω, laver ; inonder. κλύδων, flot.
ἰαίνω (ἰάω), chauffer ; amollir ; = ἰάομαι 90 (ἴω 67).
χλίω, chauffer, amollir : 30.
καγχαίνω, chauffer ; dessécher (καίω 47).
Ζέω, onom. Z, bouillir, bouillonner ; fermenter.

Ὠμὸς, cru ; *mor.* cruel.

τεράμων, tendre, facile à cuire, *et*
τερήν, tendre (τερέω 90).

ἑψέω, faire cuire : ἑφθός, cuit. =

πέπτω, cuire : digérer ; mûrir. =

ὀπτάω, griller, rôtir.

ὀβελὸς, broche (βέλος 67).

Πείρω, PERCer ; traverser. = περάω 54.

Θιβρὸς, κραμβὸς *et* κραῦρος, rôti, grillé.

φρύγω, *onom.* FR, frire ; griller.

d. *Assaisonnements.*

ἀρτύω, assaisonner ; apprêter ; ajuster : = ἄρω 83.

πάσσω (πάω), saupoudrer.

ἅλς, ἁλὸς, ὁ, sel (*pf.*), 5.

᾿ σάκχαρον, SUCRE.

Plantes d'assaisonnement.

βολβὸς, oignon, BULBE.

᾿ κρόμμυον, oignon.

᾿ γήθυον *et* κῦφι, CIVETTE, CIBOULETTE.

᾿ σκόροδον, ail : — μώλυζα, γελγίς, gousse d'ail ; ἄγλιθες,
  têtes d'ail.

᾿ γιγγίδιον, cerfeuil ; — σκάνδιξ, cerfeuil sauvage.

᾿ σέλινον, ache, grand persil.

᾿ Θύμος, THYM : oignon sauvage : *d'où*

᾿ Θύμβρα, κονίλη, THYMBRE, sariette.

᾿ σφάκος, sauge. — κρῆθμον, pourpier.

᾿ κάρδαμον, cresson alénois.

᾿ σίναπι, SÉNEVÉ. — νάπυ, moutarde.

᾿ ζιγγίβερις, GINGEMBRE.

᾿ ὅθοννα, giroflier : — κωμακὸν, clou de girofle.

᾿ πέπερι, poivrier ; poivre.

᾿ κασία *et* κιννάμωμον, canellier, canelle.

L. Cave : vases à mettre le vin.

κύτος, τὸ, cavité, cave (κύω 47). οἰνὼν, cellier.

πίθος, tonneau. πιθεὼν, cellier. = πυτίνη.

κάδος, tonneau ; seau, cruche (κάω 47).

ἀσκὸς, outre ; sac de cuir. = σάκκος 66.

᾿ πυτίνη, bouteille revêtue d'osier ; = βοῦτις, BOUTEILLE.

• σίφων, *onom.* SIPHON ; — διαβήτης, *idem*.

M. Table.

Τράπεζα, table ; — bonne chère.
ἄβαξ, planche, rayon ; buffet : 51, 60.

a. Repas.

ἄριστον (δεῖπνον), dîner, *pp.* le meilleur repas.
δεῖπνον, repas ; souper ; festin ; mets : *et*
δαψιλής, abondant, copieux : = δάπτω 30.
δόρπον, repas ; souper ; aliment.
εἰλαπίνη, grand repas, pique-nique.
εὐ-ωχία, festin (εὖ, ἔχω, traiter).
θοίνη, festin ; mets (θάω 38).
ἔρανος, collecte ; repas par écot (ἔρω 22).
Δαίω, donner un repas : 25, 47, 58.
κῶμος, débauche de table.
• κραιπάλη, CRAPULE (κρᾶς 17, πάλλω 67).
βρίθω, être pesant, *et*
βρίζω, dormir en sortant de table (βάρος 81).

b. Couvert.

δίσκος, DISQUE, 56 ; plat, assiette.
λεκὸς, petit plat, assiette.
• τρύβλιον, plat, écuelle.
λήκυθος *et* ὄλπη, huilier. — ὀξύ-βαφον, vinaigrier.
• μύστρον *et* δοίδυξ, cuiller, 93.
• (κρε-άργα, fourchette. — μάχαιρα, κοπὶς, couteau.)

Coupes, vases à boire.

δέπας *et* καρχήσιον, coupe : 64.
κάνθαρος, large coupe : 15.
κύπα, κύβα, COUPE, CUVE, *d'où*
κύπαρος, grand vase creux, *augm.*, *et*
κύπελλον, coupe ; COUPELLE, *dimin.*
κύαθος *et* σκύφος, CYATHE, gobelet (κύω 47).
κάλυξ *et* κύλιξ, CALICE, coupe, gobelet : 77.
κώθων, gobelet ; *mor.* ivrognerie.
βύω, remplir : boucher, fermer.
πῶμα, τὸ, couvercle ; bouchon : coupe ; boisson. πίνω 51.
Μεστὸς, plein, rempli.

5

Πλέος d'où πλήρης, plein ; πλέω, πλήθω, emplir.
Κενὸς, vide ; *mét.* vain.
‣ σιφνὸς, vide (σίφων 49), *onom.* sif.

c. *Appétit; manger; satiété.*

Πεῖνα, Λιμὸς, faim ; famine. ⚌ λοιμὸς 89.
Δάκνω, mordre, couper avec les dents.
Ἔδω d'où ἐσθίω, manger. *De là*
νῆστις, qui n'a pas mangé (νή 27).
Φάγω, manger, *pr. inus.*
Μασάομαι, mâcher, manger.
ῥοφάω, *onom.* avaler, humer.
κόρος, satiété : 37, 80.
Ἄδω, rassasier ; *pp.* condenser : ⚌ ἄτω 34. *De là*
ἀδέω, être rassasié, dégoûté ; ἀδημονέω, être découragé,
    abattu, ἀδήμων.
ἅδην, ἅλις, *adv.* abondamment, assez.
‣ σικχὸς, dégoûté, sans appétit.

d. *Aliments.*

κόλον, nourriture.
ὄψον, mets : poisson (ἐψέω 48).
κνίσσα, fumet *des viandes.* καπνὸς 47.
ζωμὸς, bouillon (ζέω 47).
‣ ἅλιξ, potage de gruau (ἀλίω 88).
‣ ἔτνος, τὸ, *et* πόλτος, bouillie, purée (πόλω 74).
‣ ψώθιον, morceau de pain ; miette.
ψωμὸς, bouchée, morceau, *et*
ψώχω, frotter ; broyer, émietter, *et*
ψίξ, miette ; mie de pain (ψάω 46).
βλωμὸς, morceau, bouchée (βάλλω 56).
μιστύλλω, couper en morceaux, *et*
‣ μίσκοι, *dimin.* miettes (μεί-ων 37).
τάριχος, τὸ, poisson salé. ταριχεύω, embaumer *un mort.*
‣ γάρον, garum, *saumure au poisson* γάρος.
Κρέας, τὸ, chair, viande.
‣ μῦμα, τὸ, ragoût. μίμαρκυς, civet.
‣ καρύκη, hachis avec des noix (κάρυον 76).
‣ ἴσικος *et* ἄλλας, αντος, hachis ; saucisse.
‣ πέρνα, jambon (πτέρνα 20).
‣ λάγανον, beignet.

e. *Soif; boire. — Boissons.*

Αἶψα, soif.

Πίνω (πι, πο), boire. πῖνον, bière.

Οἶνος, VIN ; οἴνη, vigne.

Μέθυ, vin. χάλις, vin pur.

ζωρὸς, pur, sans mélange (ζέω 47).

• σίραιον, vin cuit (σείρω 46).

• σίκερα, bière, cidre, *etc., mot oriental.*

• κοῦρμι, βύνη *et* βρύτον, bière, cervoise.

ζύθος, bière, boisson fermentée (ζέω 47).

Κεραννύω, -υμι (κεράω), mêler ; tempérer.

κρατήρ, CRATÈRE, grand vase *où l'on mêlait le vin et l'eau avant de les verser dans les coupes avec le* κύαθος 49 ; coupe.

Χέω *et* χύω, verser ; répandre.

§ III. Plaisirs et amusements de la société.

A. Conversation.

Ὅμιλος, réunion ; fréquentation (ὅμος 92).

λέσχη, conversation ; lieu où elle se fait.

λαλέω, *onom.* parler, causer (λάω 22).

κωτίλος, parleur, babillard.

• ὖθλος, babil, sot caquet ; ineptie.

• φλέω, φλύω, φλάζω, *onom.* couler, babiller.

B. Jeux divers.

Παίζω (παιγ), jouer (παῖς 36).

ἀθύρω, jouer, s'amuser (θύρα 41).

• ζατρίκιον, jeu d'échecs.

• ἄβαξ, échiquier, damier : 49, 60.

• πεσσὸς, dame à jouer ; pièce *d'échecs.*

• βέμβηξ, *onom.* v...v, toupie, sabot (βεμβέω 78).

ῥέμβω, faire tourner : rouler : errer.

• πάλλα, BALLE, paume à jouer (πάλλω 67).

σφαῖρα, SPHÈRE, globe ; balle, ballon, 61.

• τροχὸς, cercle de fer (τρέχω 56).

• ὄμιλλα, jeu avec des noix.

C. Poésie et musique.

Μοῦσα, MUSE (μάω 31).
Ποιέω, faire, 82 ; faire des vers.
ἴαμβος, IAMBE ; satire mordante.
δάκτυλος, DACTYLE : 20, 79.
• σίλλος, SILLE, poème satirique.
διθύραμβος, DITHYRAMBE.

a. Chant.

Ὄψ, ὀπὸς, voix ; chant (ἔπω 22).
Ἀδω (ἀείδω), chanter ; célébrer. = αὐδή 22, et
ὕδω, poét. chanter, célébrer. De là
ὑμνὸς, HYMNE, chant religieux.
οἴμη, voix, parole ; chant : 53.
Μέλος, τὸ, vers, modulation : 19. De là
μέλπω, célébrer par des chants.
κηλέω, charmer par sa voix. = καλέω 23.

b. Instruments, en jouer.
Instruments à vent.

αὐλὸς, flûte (ἄω, αὔω 4).
  πλάγιος, oblique ; — traversière (flûte).
σύρω, συρίζω, siffler ; flûter : 41.
• γίγγρας, petite flûte.

Instruments à cordes et autres.

λύρα, LYRE ; φόρμιγξ, luth.
κιθάρα, CITHARE, harpe.
βάρβιτος, luth. = σαμβύκη, SAMBUQUE.
• κινύρα, cinor, lyre plaintive.
• νάβλα ou ναῦλα, nablion, psaltérion.
χορδὴ, boyau, 19 ; CORDE à boyau.
• κρέμβαλον, cymbale ; castagnettes.
ψάλλω, toucher légèrement ; pincer de la harpe, etc.;
     chanter en s'accompagnant de la lyre (ψάω 46).
κρέκω, onom. pincer d'un instrument à cordes : 95.
καρ-καίρω, onom. résonner ; faire résonner.

D. Danse.

Ὀρχέομαι, danser. = ἔρχομαι 53.

σκαίρω, sauter ; danser. σκιρτάω.

ῥυθμὸς, RHYTHME, cadence.

χορὸς, CHOEUR : danse, ballet.

✦ θίασος, troupe de danseurs ; danse.

✦ κόρδαξ, CORDACE, danse bouffonne.

E. Spectacle.

Θέα, action de regarder ; spectacle, *d'où*

θεωρὸς, spectateur, 62 (θάω 31).

σκήνη, cabane de branches ; tente ; SCÈNE.

✦ ὀκρίβας, lieu où déclament les acteurs (ἀκρὸς 6, βάω 23).

μῖμος, MIME, bouffon. μιμέομαι, imiter.

μόρμω, masque hideux. — δείκελον, masque (δείκω 33).

κόθορνος, COTHURNE, *chaussure des acteurs.*

σάτυρος, SATYRE ; pièce de théâtre où les satyres dan-saient la σίκιννίς.

Κρούω, choquer, battre : applaudir. *De là*

Κρότος, battement ; applaudissement.

§ IV. VOYAGE.

A. Chemin, route.

Κέλευθος, chemin, route (κέλω 64). *V.* ὁδὸς 39.

οἴμη, chemin, sentier : 52 (οἴω 93).

Τραχὺς, raboteux.

λεῖος, λισσὸς, LISSE, uni.

B. Départ, marche, passage, hâte, approche, arrivée, retour. (*V.* Marche, 23.)

Ἀπὸ, *prép.* contact ; départ, éloignement.

Οἴχομαι, partir, s'en aller. = ἴκω. *De là*

Ἴχνος, τὸ, pas, trace, vestige (ou ἔχω 57).

Ἔρχομαι, aller ; venir ; arriver.

Ἐλεύθω, *pr. inus.* aller, marcher. = ἐλαύνω 57.

Ἥκω *et* Ἴκω, venir, s'approcher. *De là*

Ἱκνέομαι (ἴκω), venir : supplier.

ἦκα, *adv.* (*marcher*) doucement ; (*parler*) bas.

Κίω = ἴκω, aller. — *V.* κάω 47.

μολέω, venir ; arriver, *d'où*

βλώσκω (= μολ-ώσκω), venir ; arriver.

ἀμεύω, passer ; vaincre. = ἀμείβω 79.

Περάω, traverser ; vaincre. = πείρω 48. De là

πέρα et πέραν, adv. outre, au=delà, et

πόρος, passage ; fig. moyen, ressource.

Σπεύδω, se hâter.

Σπέρχω, hâter ; pass. se hâter.

Θαάσσω, θάσσω (ταχ), faire diligence, d'où

Ταχύς, vite, prompt : comp. θάσσων (ταχίων).

Πέλας et ἄσσον, adv. près, auprès (πέλω 21).

ἄγχι, ἐγγύς, adv. proche, auprès. = ἄγχω 35.

νέω, νέομαι, aller ; revenir. De là

νόστος, retour : — douceur, agrément.

Πάλιν, adv. mouvement rétrograde, réitération.

ἔτι, encore. αὖ, αὖθις, αὖτε, de nouveau.

C. Compagnie.

ἔτης, Ἔταιρος, compagnon, camarade.

Ἀκόλουθος, suivant (ἀ=ἄμα, κέλευθος 53).

Ἕπομαι, ἕσπομαι, accompagner, suivre : d'où

ὀπάζω, suivre ; ὑπαδός, suivant ; ὀπίσω, derrière.

Ἅμα, adv. ensemble ; avec.

ὁμαρτῆ, adv. ensemble (ὁμός 92, ἄρω 85).

Μετά, prép. participation : avec.

D. Moyens : bâton, bourse, besace.

βάκτρον, bâton, canne (βάω 23).

ῥάβδος, ῥαπίς, baguette, houssine.

σκῆπ-τρον, σκίπων, bâton (σκήπτω 88).

βαλάντιον et μάρσυπος, bourse.

κίβησις et πήρα, besace, poche.

• κώρυκος et πουγγή, sac de cuir, besace.

• μόλγος, sac de cuir. ῥίσκος, malle.

E. Incidents divers.

πλάνη, égarement ; erreur. =

πλάζω, faire errer, égarer.

ἀλάομαι, ἀλύω, ἠλάσκω, errer.

εἰκῆ, adv. au hasard ; en vain (εἴκω 27).

Ζητέω, chercher ; demander.

Αἰτέω, demander, exiger.

μάτην, μὰψ, *adv.* en vain : μάταιος, vain.
Εὑρίσκω (εὕρω, -έω), trouver. — inventer.
κιχέω, rencontrer ; atteindre (κίω 53).
κύρω, rencontrer ; obtenir ; *intr.* se trouver, être.
Μηνύω, indiquer ; avertir. *dor.* μανύω.
Δεικνύω,-υμι (δείκ), montrer, indiquer.

§ V. Assemblées publiques.

A. La place publique : tumulte.

Ἀγορά, place publique ; discours, harangue ; marché, achat (ἀγείρω 85).
Ὄχλος, foule tumultueuse ; *fig.* embarras.
ἀολλής, serré, pressé (ἀ-ειλέω 58).
Θόρω, -έω, *d'où* Θρώσκω, sauter ; s'élancer. *De là*
Θρέω (Θορέω), crier tumultueusement, *et*
Θρύλλος, chuchottement ; rumeur ; *et*
Θόρυβος, tumulte, clameur.
σύρβη, *att.* τύρβη, tumulte, désordre (σύρω 41).
κύδοιμος, tumulte, confusion.
ὄτοβος, κέλαδος *et* κλόνος, bruit, tumulte (κέλω 64).
κόναβος *et* ὀρυμαγδός, bruit.
λιάζω, agiter : se hâter : séparer.
ὤθω, -έω (ὄθω), pousser, bousculer.

B. Élections. — Suffrages.

Λέγω, choisir, élire : 22, 24, 74.
Ψῆφος, caillou plat, 8 ; suffrage (ψάω 46).
• Θριαί, cailloux *pour les suffrages.*
+ κήθιον, urne : κημός, *son* couvercle : 84.

§ VI. Jeux publics ; prix.

Ἀγών, *pp.* réunion ; jeu public ; combat, lutte, débat : danger (ἄγω 65).
αἰσυμνάω, régner ; présider les jeux.
βραβεύς, juge du combat.

A. Saut.

Ἅλλομαι, sauter, bondir ; s'élancer.
ἄττω, sauter ; s'élancer. = ἀΐσσω 68.
Πηδάω, bondir, sauter. = πιδάω 7.

B. Palet, disque.

δίσκος, DISQUE, gros palet (δίω 68).
Βάλλω, jeter, lancer ; frapper *et* blesser *avec ce qu'on lance.*
δίκω, jeter ; blesser (δίω 68).
τῆλε, *adv.* loin, de loin (τείνω 67).
ἕκας, *adv.* loin, de loin.

C. Javelot.

ἄκων, trait, javelot (ἀκή 66).
Τέκμαρ, τὸ, signe ; but ; *fig.* terme.
Σκέπτομαι, regarder. σκόπος, but.
τιτύσκομαι, viser, tirer au but (τύω = τάω 67).
στοχάζομαι, viser ; toucher le but.
Τυγχάνω (τυχ), *pp.* toucher le but ; réussir : tirer au
    sort, obtenir par le sort ; rencontrer par hasard,
    intr. être par hasard. = τεύχω 83. *De là*
Τύχη, sort, fortune, hasard.
Ἁμαρτάνω, *pp.* manquer le but ; ne pas réussir : com-
    mettre une faute.

D. Lutte, palestre.

Γυμνὸς, nu ; sans armes (*soldat*).
Ἀεθλος, ἆθλος, combat, lutte ; entreprise pénible.
πάλη, lutte. παλαίω, lutter.
Ἀλείφω, frotter *avec de l'huile.* = λίπος 17.
Παίω, *onom.* frapper. *V.* Coups, 35.
πὺξ, *adv.* avec le poing ; πυγμή (πυκὸς 95).
δράσσω (δραχ), saisir, empoigner.

E. Course à pied.

Τρέχω *et* Δράμω, *pr. inus.*, courir.
Θέω, courir. θοὸς, rapide. =
Θύω, se ruer avec fureur : 63.
Ὠκὺς, prompt, leste, agile.
ἄραδος, palpitation *après l'exercice.*
ὄλισθος, glissement, faux pas.
Πταίω, heurter ; broncher ; tomber. = πί-πτω 69.
Φθάνω (φθάω), devancer, prévenir.
Πρὸ, *prép.* avant, devant. *De là*
    Πρότερος, plus en avant, antérieur, *et*

Πρῶτος (πρότατος), le plus en avant, premier.
Ὕστερος, postérieur. ὑστερέω, être, arriver le dernier, être privé. ὕστατος, le plus reculé, dernier.
ἔσχατος et λοῖσθὸς, dernier, extrême.
ἔρρω, s'en aller tristement; dépérir.

F. Course des chars.

βαλβίς, barrière d'où partaient les chars.
• νύσσα, borne au bout de la carrière.
στάδιον, STADE, = 125 pas géom. = 625 pieds grecs.
Ἄρμα, τὸ, char (ἄρω 83).
ὄχος, char : en gén. tout ce qui contient ou sert à tenir (ἔχω 57).
δίφρος, char à deux chevaux (δὶς 60, φέρω 93).
Ῥύω et ἐρύω, tirer, traîner : sauver, racheter.
Ἐλαύνω (ἐλάω), faire avancer rapidement : 71.
φίντις, conducteur d'un char, cocher.

§ VII. Diverses institutions civiles.

A. Propriété, possession, usage.

Ἴδιος, propre, particulier; spécial; privé.
Ἕκαστος, chaque, chacun, pp. séparé (ἕκας 56).
Ἄλλος et Ἕτερος, autre.
πάομαι, acquérir; posséder; s'allier : 21, 38.
Κτάομαι, acquérir; κέκτημαι, posséder.
Ἔχω (ἴσχω, σχῶ), tenir, contenir; tenir à, être contigu; avoir, posséder.
Χράομαι, pp. manier : se servir de; emprunter (χείρ 19). De là
χράω, prêter, pp. mettre en main. — χρέος, dette.
χρεία, usage, utilité; besoin.
χρῆμα, τὸ, tout ce dont on se sert : bien, argent; ustensile, etc. chose en général.
χρὴ, il faut (= manque).

B. Don, donation, prêt.

Ὀρέγω, étendre la main; présenter, offrir. — ὀρέγομαι (se porter vers qc.), désirer.

Δίδωμι (δόω), donner. *De là*
δῶρον (δό-ερον), don, présent : *et*
δάνος, τὸ, DON : prêt; emprunt.
προ-ῖξ, *contr.* προῖξ, présent : dot (πρὸ 56, ἵκω 53).

C. Succession, héritage : sort ; partage ; privation.

Κλῆρος, sort : lot ; héritage (κλάω 85).
χαῦνος, sort, partage.
Λαγχάνω (λάχ), tirer au sort; obtenir par le sort.
Νέμω, partager, distribuer : assigner à : habiter, cultiver
     (*pf*) ; νέμομαι, paître : 40, 71.
Δαίω (δάω), δάζομαι, diviser, partager : 25, 47; δέω 39.
Μείρω, diviser, partager. — μέρος, part. *De là*
μόρος, *pp.* part, sort, destinée ; MORT : *et*
ἀ-μέρδω *et* μέρδω, priver *qq.* de sa part (μείρω 58).
Στερέω, ὑστερέω, priver (ὕστερος 57).
• τητάω, priver. *V.* χατέω *et* δέω 39.

D. Lois, justice et tout ce qui y a rapport.

Νόμος, *pp.* coutume ; institution, loi (νέμω 58).
Θεσμός, τεθμός, loi ; institution (θέω 88). *V.* ἔθος 27.
• κύρβις, pyramide triangulaire sur laquelle on affichait
     les lois et l'indication des fêtes : *mét.* légiste.
(ἄξονες *et* σανίδες, tables sur lesquelles on affichait les lois,
     86, 90.)
Θέμις, loi, droit, justice (θέω 88).
Δίκη, coutume ; droit ; justice : procès : punition.
Αἰτία, cause : accusation. = αἰτέω 54.
Μέμφομαι, accuser; blâmer : = μῶμος 70.
Μάρτυρ, témoin.
Ὄμνυμι (ὀμόω), jurer, faire serment.
Ὅρκος, serment (= ἕρκος 40).
ἐγ-γύη, caution; garantie (ἐν γυῖον 19).
ἔρευνα, perquisition, enquête (ἔρω 22).
ἐτάζω, rechercher, examiner (ἐτὸς *d'* ἔω 21).
Πυνθάνομαι (πυθ), questionner : apprendre; savoir.
Ἐλέγχω, questionner; prouver; convaincre; réfuter;
     blâmer, réprimander (λέγω 22).
Δῆλος, clair, manifeste (δά-ελος *de* δαίω 47).
ἐν-αργής, clair, évident (ἀργός 7).
τρανός, clair, visible (τερέω 90).

Κρίνω, séparer; distinguer; décider; juger.
Κολάζω, frapper; punir. κολάπτω *et* κολούω 35.
ποινή, PEINE, PUNITION. = τένομαι 82.
ζημία, DOMMAGE, perte; punition; amende.
θωή, punition; amende (θέω 88).
εἴργω, enfermer; emprisonner : 68 : ἕρκος 40.
Φυλάσσω, garder, observer.
Δέω, lier, enchaîner : 39.
πέδη, ceps, entraves (πούς 20).
βάσανος, pierre de touche, 91 : *mét.* torture, épreuve.
ῥαπίς, verge, = ῥάβδος 54.
‣ μώλωψ, marque des coups de fouet.
‣ σμῶδιξ, *idem :* contusion; tumeur.
σταυρὸς, pieu, pal : croix (στάω 23).

E. École. — Instruction.

σχολή, loisir; soin; application, étude : ÉCOLE (ἔχω 57).

a. *Fréquentation : apprendre, enseigner.*

φοιτάω, aller; fréquenter; aller à l'école.
θαμὰ, souvent, fréquemment = ἅμα 54.
λιπαρής, assidu, constant.
Ἀκριβής, exact; soigneux; économe (ἀκρός 6, βάω 23).
Μανθάνω (μαθ), apprendre : servir; = ματέω 31.
Διδάσκω (δι-δαχ), enseigner, instruire (δάω 25).
ἑρμηνεύω, interpréter (ἑρμῆς 59).

b. *Lecture, écriture.*

λέγω, lire, *sign. rare.* 22, 24, 74.
(ἀνα-γινώσκω, lire; *pp.* reconnaître, distinguer.)
Γράφω, GRAVER, 94; peindre, 92; écrire.
Σαφὴς, clair, manifeste.
ἀμυδρὸς, sombre; illisible.
στύλος, STYLE, poinçon *pour écrire*, manière d'écrire;
    colonne, 41.
‣ σκάριφος, style; pinceau.
κάλαμος, calam, roseau pour écrire, 7.
πίναξ, planche, tableau; tablette *à écrire* (πῖνος 9).
χάρτης, papier; parchemin (χαράσσω 94).
πάπυρος, PAPYRUS, *roseau d'Égypte.*
βύβλος, papyrus; papier : livre.

⁺ σελίς, ligne ; page ; livre.
⁺ σιγλαί, SIGLES, notes sténographiques : 83.

c. *Arithmétique, calcul.*

Ἀριθμὸς, nombre ; calcul.
ἄρτιος, pair, 24 : περισσὸς, impair, 39.
Εἷς, ἐν, μία, un.
 ἅπαξ, *adv.* une fois. — πρῶτος, premier, 57.
Δύω, δύο *et* δοίω, deux. — δεύτερος, second.
 δὶς, *adv.* deux fois. — δισσὸς, double.
Ἀμφὶ, *prép.* des deux côtés, autour.
τρεῖς, τρία, trois. — τρὶς, *adv.* trois fois.
Τέσσαρες, -α, quatre.
Πέντε, *d'abord* πέμπε, cinq.
Ἐξ, six. ἕπτα, sept. ὀκτὼ, huit.
Ἐννέα, neuf. Δέκα, dix. Εἴκοσι, vingt.
Ἑκατὸν, cent. Χίλιοι, mille.
Μύριοι, dix mille : innombrables.
ἥμισυς, moitié, demi. — ἡμι... *en composition.*
ἔνιοι, quelques, quelques-uns (εἷς, ἑνὸς 60).
ἁμὸς, quelqu'un.

d. *Géométrie.*

γέα 5 : μέτρον 79.
ἄβαξ, tableau, etc. 49, 51. πίναξ 59.

Lignes et angles.

(γραμμὴ, ligne (γράφω 59).
εὐθὺς *et* ἰθὺς, droit, 40.
κυρτὸς, courbe == γῦρος 60.
 (κάθ-ετος (γραμμὴ), perpendiculaire).
λέχριος, λοξὸς *et* κάρσιος, oblique.
ἡμύω, pencher, incliner. κλίνω 37.
γωνία, angle, COIN.

Surfaces et figures.

Πέδον, sol, 6 ; — ἐπί-πεδον, surface.
ὁμαλὸς, plan, uni (ὁμὸς 92).
(σχῆμα, τὸ, forme ; état ; figure (ἔχω 57).
Γῦρος, ligne circulaire. == κυρτὸς 60, *et*
κίρκος, cercle ; anneau : CIRQUE, 12.

Κύκλος, cercle.

ἴτυς, circonférence (ἴω 23) : 86.

κέντρον, *pp.* point ; CENTRE : aiguillon (κεντέω 74).

Μέσος, placé au milieu ; moyen ; médiocre, etc. (δια-βήτης *et* περί-γρα, compas).

ῥόμβος, RHOMBE, losange.

Solides.

κῦβός, CUBE : dé à jouer.

κῶνος, CÔNE ; toupie ; cimier de *casque*, 66.

σφαῖρα, SPHÈRE, globe ; boule, 51.

πυραμίς, PYRAMIDE.

§ VIII. Culte.

a. *Divinité, objet du culte.*

Θεὸς, Dieu. θεῖος, δῖος, divin.

Δαίμων, ὁ, ἡ, divinité ; génie (δαίω 25).

Ἅγιος, saint ; vénérable (ἄζω 62).

πότνιος, vénérable, auguste.

μάκαρ, bienheureux.

b. *Dieux et déesses du polythéisme.*

Κρόνος, Saturne. = χρόνος 2.

Ζεὺς *et* Δίς, Jupiter (air, jour, lumière).

Ζήν, Ζάν, Jupiter ; Ζάνω, Junon.

Ποσειδῶν, Neptune.

Ἀΐδης, Ἀδης, Pluton : l'enfer (ἀ *nég.* εἴδω 20).

Ἑρμῆς, Mercure.

Διόνυσος, Βάκχος, Ἴακχος, Bacchus.

Ἀρης, Mars ; guerre ; carnage.

Ἥφαιστος, Vulcain.

Ἥρα, Junon. Κυβέλη, Cybèle.

Ἀθήνη, Minerve. Πάλλας, *surnom.*

(Ἀφρο-δίτη, Vénus (? ἀφρὸς 5, δίω 68).

αἶσα, parque ; sort : devoir, convenance.

ἐριννὺς, furie : imprécation.

ἐνύω, Enyo, Bellone (ἔνω 35).

c. *Olympe. — Nectar. — Ambroisie.*

Ὀλυμπος, Olympe, *mont de Thessalie.*

νέκταρ, nectar.

ἀμ-6ροσία, ambroisie (ἀν, *nég.* βροτὸς 21).

d. *Lieux et objets consacrés au culte.*

Ναὸς, temple, *pp.* demeure (ναίω 41).

σηκὸς, enclos, enceinte : temple, 72.

τέμενος, τὸ, lieu séparé ; bois sacré ; temple (τέμνω 94).

ὀργὰς, terre labourable ; bois *ou* champ sacré (ἔργω 82).

Ἱερὸς, sacré, consacré.

βωμὸς, base, degré ; autel ; temple.

e. *Ministres, devins, oracles.*

σίβυλλα, SIBYLLE ; prophétesse.

θέσπις, devin, prophète (θεὸς 61, ἔπω 22).

Μάντις, devin, prophète (μαίνομαι 32, μηνύω 55).

χράω, prédire, rendre un oracle, χρησμὸς.

ὄμφη, ὄσσα, voix divine ; oracle (ἔπω 22).

f. *Fêtes, initiation, mystères.*

ἑορτὴ, *ion.* ὀρτὴ, fête.

ὄργια, τὰ, ORGIES, *fêtes de Bacchus* (ὀργὴ 32).

Μυέω, initier aux mystères, *de*

Μύω, serrer, fermer, *pp.* la bouche : *le silence était exigé des initiés.*

βέβηλος, profane (βηλός 42).

Θεωρὸς, spectateur, 53 ; THÉORE.

Πέμπω, envoyer ; mander ; accompagner.

g. *Culte, adoration, prières, libations, sacrifices.*

Ἅζω, vénérer, respecter ; *d'où*

ἄγος, τὸ, objet de vénération *ou* d'horreur ; crime ; expiation.

κύω, κυνέω, baiser : adorer.

Θρῆσκος, religieux ; superstitieux (Θρέω 55).

Τίω, payer : honorer ; récompenser ; punir.

Σέβω, révérer ; adorer.

ὀκλάζω, s'agenouiller ; plier ; s'abattre (κλάω 85).

Εὔχομαι, prier ; vouer : 28, 31.

ἀρὰ, prière ; imprécation.

λίσσομαι, λίτομαι, prier, supplier.

Ἱκετής, suppliant (ἱκνέομαι 53).
Ἱλάσκομαι (ἰλάω), rendre propice : ἵλαος.
ἀρέσκω (ἀρέω), plaire ; apaiser (ἄρω 83).
Λείβω, verser, faire une libation.
Σπένδω, verser en libation (σπάω 7 = σπείρω 74).
κρωσσός, vase *pour libations, bain*, etc.
Θύω, brûler (*parfums, victime*) : sacrifier : 56. *De là*
θυμιάω, brûler des parfums, θυμός : enfumer.
Ῥέζω (ῥέγ, ἐργ 82) faire : sacrifier. — teindre = ῥήσσω
94.
• ἄμνιον, vase pour recevoir le sang.
• πέλανος, πόπανον, gâteau sacré.

§ IX. Navigation et marine.

A. Vaisseaux, esquifs, etc.

Ναὺς, ναός, vaisseau, navire (νάω 14).
• ἄκατος, vaisseau marchand.
• βάρις, vaisseau de charge (βάρος 81).
• λέμβος, πάρων, brigantin ; esquif, canot.
• φάσηλος, chaloupe, canot.
κύμβη, creux : barque : coupe. = κύβα 49.
σκαφὴ, ESQUIF, etc. (σκάπτω 75).

B. Construction : parties d'un vaisseau.

Πηγνύω, –μι, *et* πήσσω (παγ), assembler, construire ; composer un tout solide de parties séparées : condenser,
coaguler, congeler, solidifier ; ficher, enfoncer. *De là*
πάσσαλος, cheville ; pal, pieu.
Ἧλος *et* γόμφος, clou, cheville.
V. Bûcheron, 84 ; Charpentier, 85 ; Menuisier,
90.

Parties d'un vaisseau.

• στεῖρα, carène, quille.
• σταμίν, varangue, *pièces de bois qui forment la carcasse.*
ἄντλος, sentine, égout.
• ἴσδη, bonde *au fond d'un navire.*
πρώρα, proue : front (πρὸ 56).
πρύμνα, poupe ; *de* πρυμνός, extrême.

• ἴκριον, tillac, pont : 42.
ἱστὸς, mât : 95 (στάω 23). ἄντιον, id.
• τράχηλος, grand hunier : 18.
• καρχήσιον, hune, haut du mât : 49.
οἴαξ, gouvernail (οἴω 93).
πῆδον, plat de la rame, rame; gouvernail, πηδάλιον.

C. Agrès : chargement.

ὀθόνη, voile : 46.
• ἀρτέμων, voile d'ARTIMON (ἀρτάω 83).
κώπη, rame.
ἄγκυρα, ANCRE : εὐνή, idem : 43.
κάλος et κάλως, câble, corde.
κάμηλος et κάμιλος, câble, cordage, 11.
• οἶσον, câble, amarre.
κόντος, croc (κεντέω 74).

Chargement, cargaison.

γέμω, être plein : γόμος, cargaison.

D. Mise à flot.

Ἕλκω, tirer, traîner.
Κυλίω, rouler. κύλινδρος, CYLINDRE, 88.

Manœuvre.

Πλέω, naviguer : flotter.
Κυβερνάω, GOUVERNER.
Ἐρέσσω (ἐρέω), ramer; remuer.
πετάω, étendre les voiles, etc.
Στέλλω, resserrer; carguer les voiles. V. 70.
Κέλω, mouvoir, faire avancer, 71; exhorter les rameurs; ordonner. = καλέω 24. De là
κέλλω, ὀκέλλω, aborder, arriver au port. — courir vite.

E. Naufrage.

Ἄγνυμι (ἀγ), pp. piquer, couper : briser : = ἀκή 66.
Ῥηγύω (ῥαγ, ῥηγ), briser, fracasser. = ἀράσσω 85.
Δύω, δύνω, δῦμι, s'enfoncer et disparaître; plonger dans
l'eau; revêtir un habit; se coucher (astres).

§ X. PAIX ET GUERRE.

A. Paix.

Εἰρήνη, paix (εἴρω 69).

B. Guerre.

Πόλεμος, guerre ; combat.

I. ARMÉE ; TROUPES.

Στρατὸς, armée (στορέω 43).
φάλαγξ, PHALANGE ; 20.
λόχος, cohorte ; troupe en embuscade ; embuscade.
εἴλη, ἴλη, troupe, escadron (εἰλέω 58).
σπεῖρα, cohorte, phalange : 14, 86.

II. COMMANDEMENT ; EXHORTATIONS. — ÉTENDARDS.

Ἄγω, conduire, mener, amener, emmener ; *mor.* croire,
  penser : ἄγνυμι 64. *De là*
Ἡγέομαι, conduire ; gouverner ; — croire, penser.
Τάσσω (ταγ), disposer, ranger ; commander.

Exhortations, encouragements.

εἶα, *interj.* allons ! courage ! en avant !
εὖ–γε, *interj.* courage! bien! bravo !
Ἀνώγω, exciter ; exhorter ; commander.
Ὀτρύνω, stimuler, exciter.
Ὄρω, exciter ; faire lever. — ὁρμή, élan.
Σείω, *onom.* remuer, secouer ; exciter.
[Σάω, σεύω, σόω, σύω, *m. signif.*, *d'où* σόω (σώζω), sau-
  ver ; *comp.* ῥύω 57].

Étendards.

Σῆμα, τὸ (*pp.* chose agitée), drapeau, étendard. *De là*,
  signal ; signe ; preuve, σημεῖον ; prodige (σάω).
  V. Pouvoir, commandement, 39.

III. ÉQUIPEMENT MILITAIRE.

a. *Habillement.*

χιτών, hoqueton ; cuirasse ; tunique, 44.
χλαμὺς, CHLAMYDE, casaque.

6

+ ζειρὰ, habit de guerre; saie.
+ σάγος, τὸ, saie (σάσσω 74).

b. *Bagage.*

Σκεῦος, τὸ, *tout* ustensile, ou instrument : bagage : agrès : harnais, etc.

σάκκος, SAC (σάσσω 74).

Θύλακος, sac : coussin : cosse *de légume.*

+ γυλιὸς, havre-sac *de soldat.*

+ λεῖξαι, οἱ, goujats, valets d'armée.

c. *Armes.*

1. Armes défensives.

Ὅπλον, arme ; sabot *du cheval,* etc.

ἔντεα, τὰ, armes : batterie de cuisine.

ἀσπὶς, bouclier rond : 14.

σάκος, τὸ, bouclier. = σάσσω 74.

+ θυρεὸς, bouclier long (θύρα 41).

+ πέλτη, bouclier léger (πέλω 21).

+ γέρρον, bouclier *d'osier;* — dais ; parasol, parapluie.

Κόρυς, casque : = κάρα 17.

+ πήληξ, casque *élevé.* καταῖτυξ, casque *bas* (τεύχω 83).

λόφος, cimier ; aigrette : 18.

φάλος, cimier ; — récif : 1.

κῶνος, CÔNE, 61 ; cimier *de casque.*

θώραξ, poitrine, 18 ; cuirasse.

2. Armes offensives.

Ἀκή, pointe, tranchant. *De là*

Ἀκμή, pointe, tranchant ; *fig.* point culminant, moment propre ; vigueur *de l'âge,* etc. — *et*

Αἰχμή, pointe ; lance ; combat.

+ γλωχὶς *et* ἀρδὶς, pointe *d'une arme.*

+ στύραξ *et* γρόσφος, pointe ; javelot.

πικρός, PIQUANT ; *fig.* fâcheux, amer.

Ξίφος, τὸ, ἄορ, *poét.* épée (ἄρω 83).

+ ἀκινάκης, cimeterre (ἀκή 66).

κολεὸς, gaîne, fourreau.

Ἔγχος, τὸ, épée ; pique ; javeline.

δόρυ, *pp.* la hampe ; lance ; javeline.

+ σάρισσα, SARISSE, *pique macédonienne*.
+ σάγαρις, hache d'armes; cimeterre.
+ κένδυλα, hache de sapeur.
+ κορδύλη, κορύνη *et* ρόπαλον, massue.

Projectiles : *action de les lancer, arc, fronde.*

Βέλος, τὸ, trait, flèche. = βάλλω 56.
Ἰὸς, javelot : — venin ; — rouille (ἴω 67).
+ ἀγκύλη, *espèce de dard* (ἀγκύλος 92).
+ γαῖσον, gæsum gaulois, hallebarde.
+ ὑσσὸς, dard : κέστρα, épieu ; marteau (κέω 47).
Τόξον, arc : *plur.* l'arc et les flèches.
βιὸς, corde *d'arc*. — *V.* νεῦρὸν 17 : = βία 24.
+ Τείνω, tendre ; étendre (τα, ταν, τεν, τον).
ἴφι, *adv.* avec force.
φάρετρα, γώρυτος, carquois (φέρω 93).
σφενδόνη, fronde ; — chaton *de bague*.

Action de brandir, de lancer.

δονέω, τινάσσω, secouer, brandir. = δίνη 7.
Πάλλω, brandir, lancer : *intr.* trembler. = πέλω 21,
     βάλλω 56. *De là*
πελεμίζω, agiter ; faire trembler.
δνοπαλίζω, secouer, agiter (δονέω, πάλλω).
Ῥίπτω (ριφ), agiter ; renverser ; jeter.
Ἵημι (ἕω, ἵω, ἱέω), envoyer ; jeter, lancer. — ἵεμαι,
    ἐφ-ίεμαι, désirer ; *pp.* se porter vers *qc.* — *De là*
ἰάλλω *et* ἰάπτω, envoyer, lancer ; assaillir.

d. *Charge, attaque.*

σάλπιγξ, trompette, cor, clairon.
+ βυκάνη, trompette, cor.
κλάζω, κλάγγω, sonner, résonner : 12.
+ γράσσος, *onom.* cri des soldats en allant au combat, houra.
ἀλαλὰ, ἐλελεῦ, ce cri lui-même.
στείχω, marcher en rangs, marcher. — στίχος, rangée ;
    ligne, vers.
ἐξῆς, *adv.* à la suite, en ordre, *et*
σχεδὸν, *adv.* immédiatement, continument ; près ; pres-
    que ; à la hâte (ἔχω 57).

ὁρμή, impétuosité ; marche d'une armée, etc. (ὄρω 65).
Ἀίσσω, ἄσσω, s'élancer. = ἄττω 55.
Ἀντί, *prép.* vis-à-vis : au-devant de, contre : au
lieu de.

e. *Combat et ses vicissitudes.*

Μάχομαι, combattre, *pp.* agir, faire.
μάρναμαι, *poét.* combattre (μάρη 19).
˙ ὑσμίνη, *poét.* combat, bataille.
˙ χαρμή, *poét.* ardeur guerrière ; combat (χαίρω 55).
ἄμιλλα, combat ; lutte, rivalité.
μῶλος, guerre, combat ; — tumulte.
Κίνδυνος, danger, péril (κινέω 88).
Τρέπω, *onom.* tourner ; changer ; mettre en fuite.
˙ Ἐπείγω, pousser, presser, poursuivre de près.
δίω, *d'où* Διώκω, chasser ; poursuivre. =
δίζω, rechercher, poursuivre.
ἀρκέω, repousser : secourir. =
εἴργω, éloigner ; prohiber. εἴργω 59. =
ἐρύκω, écarter : retenir, empêcher ; = ἀρήγω 68, ἐρείκω
85, ἔργω 82 : *tous ces mots indiquent la force et
ses différents effets.*
Κωλύω, arrêter : empêcher : défendre.
Φεύγω (φυγ), fuir.
χάζω (χάω), *pp.* séparer : se retirer : *trans.* faire recu-
ler : priver : χατέω 59 ; χῆρος 37.
νόσφι *et* χωρίς, *adv.* séparément ; à part ; sans.
Λείπω (λιπ), laisser : être de moins ; manquer. — λοιπός,
restant.
Μένω, rester, demeurer ; tenir ferme ; être fixe : attendre.
— μόνος, seul.
Βοηθέω, secourir (βοή 23, θέω 56).
Ἀμύνω, secourir ; venger : repousser.
Ἀρήγω, secourir ; repousser. = ἀρκέω 68.
ἐπί-κουρος, auxiliaire (κόρος 37).
ἀλέξω, secourir ; repousser ; éloigner.

f. *Blesser, tuer.*

Τιτρώσκω (τρόω), percer ; blesser (τερέω 90).
Οὐτάω, blesser : ὠτειλή, blessure : ἄτω 54.

Κτείνω, tuer (κτα, κταν, κτεν, κτου).
καίνω, tuer : vaincre (κάω 47).
ἐν-αίρω, tuer ; dépouiller (αἴρω 95).
βρότος et λύθρον, sanie ; sang mêlé de poussière.
• θρόμβος, grumeau de sang.
Πίπτω, tomber ; périr. = πετάω 46, πέτομαι 12.
Κεῖμαι, être couché, 23 ; être étendu mort.
χαμαί, adv. à terre, par terre.

g. Butin; prisonniers; délivrance, rançon.

σκύλον, peau ; dépouilles ; butin.
σύλη, dépouille ; proie, butin.
πέρθω, saccager, piller.
V. Vol, 35 ; partage, 58.
Ἀλίσκω (ἀλόω), prendre ; convaincre ; condamner.
Δέω, lier, enchaîner. δοῦλος 39.
Εἴρω, nouer ; entrelacer : 95.
θωμίζω, lier avec une corde, θῶμιγξ.
Λύω, délier ; délivrer ; dissoudre. V. ῥύω 57.
ὅμηρος, otage ; nantissement.

h. Victoire; triomphe; récompense; courrier.

Νίκη, victoire. — νικάω, vaincre.
Δαμάω, vaincre, DOMPTER ; tuer.
θρίαμβος, hymne bruyant en l'honneur de Bacchus;
TRIOMPHE.
παιάν, PÉAN, hymne ; chant de triomphe, de deuil.
• τήνελλα, chant de victoire.
Γέρας, τὸ, honneur ; récompense.
Κῦδος, τὸ, gloire ; — opp. déshonneur, 28.
Αἶνος, énigme ; fable : louange.
ἐγ-κώμιον, éloge (κώμη 40).
Στέφω, couronner ; orner.
ἥρως, HÉROS, grand homme.
Ἵστημι (στάω), dresser ; ériger : 23.
• κόλοσσος, COLOSSE ; statue colossale.
κρηπὶς et βωμὸς, base, piédestal : 45, 62.
Ἄγγελος, messager : nouvelle. — ἀγγέλλω, annoncer.
ἄγγαρος, courrier, estafette.
γοργὸς, actif, rapide, agile.

Στέλλω, parer : disposer, équiper : envoyer : resserrer, 64. ἐπιστολή, lettre.

σφραγίς, sceau, cachet (φράσσω 70).

i. *Défaite : honte, blâme.*

ἥσσων (ἡκίων), inférieur : vaincu par.

Αἶσχος, τὸ, laideur, 24 ; honte.

μῶμος *et* μῦμαρ, opprobre ; reproche, blâme. *De là* ἀ-μύμων, irréprochable.

Ψέγω, blâmer ; réprimander.

Ὄνειδος, τὸ, opprobre ; reproche : honneur, *rare. De* ὄνημι (ὀνέω), blâmer, reprocher : aider, être utile, 28.

• δέννος, opprobre, affront. *V.* κῦδος 69.

§ XI. La ferme,

OU L'AGRICULTURE ET TOUT CE QUI Y A RAPPORT.

A. Terres, champs ; bornes ; clôture.

Ἀγρὸς, champ ; territoire.

γύα *et* γυῖα, champ ; = γῆ 5.

Πέρας, τὸ, limite ; extrémité ; but (περάω 54).

Ὅρος, ὁ, limite ; frontière (ὄρω 65).

Τέλος, τὸ, borne : *mét.* fin ; perfection : — magistrature : impôt ; tribut : dépenses (τέλλω 83).

τέρμα, τὸ, TERME, fin (τερέω 90).

στήλη, petite colonne, cippe (στάω 25).

Φράσσω (φραγ), enclore ; palissader.

βόθυνος *et* βόθρος, fosse, fossé. = βάθος 5.

• ὠγή, ῥηχὸς, haie vive. ῥάσσω 85.

B. Bestiaux.

Βοῦς, βοὸς, ὁ, ἡ, bœuf, vache : *onom.* BO, *et*
  Ταῦρος, TAUREAU. — βόνασος, taureau sauvage.

πόρτις, bouvillon ; génisse. μόσχος, veau ; *mét.* rejeton.

Μυκάομαι, MUGIR, MEUGLER, BEUGLER.

μηρύκω, ruminer (μηρύω 88).

Μῆλον, brebis ; chèvre : *et*

μηκάομαι, bêler : *onom.* MÊ, BÊ.

βληχάομαι, *onom.* BÊLER (βλάω, βλήχω).

πρό-ϐατον (*s. e.* ζῷον), brebis, mouton, chèvre (πρὸ, βάω 23).

ὄϊς, ὁ, ἡ, brebis, mouton, bélier.

ἀμνὸς *et* ἄρς, *gén.* ἀρνὸς, agneau.

κριὸς *et* κτίλος, bélier.

κορύπτω *et* κυρηϐάω, frapper des cornes, se battre à coups de tête. = κάρα 17, κορύφη 6, κέρας 10.

Αἴξ, chèvre; bouc.

τράγος, bouc (τρώγω 72).

ἔριφος, chevreau. = ἐρέπτω 72.

• κίναϐρα, odeur de bouc.

ψωὰ *et* βρωμὸς, puanteur.

ὓς *et* σῦς, ὁ, ἡ, *onom.* cochon, porc.

χοῖρος, *onom.* cochon. δέλφαξ, cochon de lait.

κοῖ *et* γρὺ, *onom.* γρύλλος, grognement.

a. *Garde des troupeaux : pâturages.*

ἀγέλη, troupeau *de gros bétail* (ἄγω 65).

πῶϋ, troupeau (πάω 21, 57).

Ποιμὴν, berger (πωῦ *ou* πόα 72).

Κέλω, faire avancer; 64. βου-κόλος, bouvier.

Ἐλαύνω (ἐλάω), faire avancer : chasser : 57.

Βόσκω (βόω), faire paître; nourrir (πάω 21). *De là* βοτάνη, herbe; βόσκος, bois.

Νέμω, faire paître, *etc.* νέμος, bois : 40, 58.

φέρϐω, faire paître : φέρϐομαι, paître.

• χαῖος, bâton; houlette.

κώδων, sonnette, clochette.

ποππύζω, siffler *pour appeler ou flatter.*

Κύων, κυνὸς, ὁ, ἡ, chien, chienne.

μολοσσὸς, dogue; mâtin, *de Molossie.*

ὑλάω *et* βαΰζω, *onom.* aboyer, japper.

λάπτω, LAPER; vider en buvant.

Λείχω, LÉCHER. — λίγδην, *adv.* en effleurant.

σαίνω, *pp.* remuer; remuer la queue; *mét.* flatter, caresser (σάω 65).

Φυλάσσω, garder; conserver.

τηρέω, observer; garder.

Herbes, pâturages: manger, brouter.

λειμών, marécage ; pré (λείβω 63).

πάρδακος, humide, mouillé (ἄρδω 78).

χλόα, herbe verte, foin.

πόα, ποία, *poét.* herbe, gazon. = πάω 21.

‹ εἴα, *poét.* gazon, herbe. εἰαμένη, pré.

κράστις, gazon, foin.

χόρτος, enclos : pré, jardin, basse-cour : herbe ; foin.

κάρφω, sécher (*foin, paille, etc.*).

Βρώσκω (βόρ, βρό), BROUTER, manger : 30. =

βρύκω, βρύχω, ronger : grincer les dents. = βρέμω 4.

τρώγω (τράγ), ronger, brouter.

ἐρέπτω, paître ; manger.

τένδω *et* τένθω, manger, ronger.

b. *Étables; litière.*

σηκός, tout lieu clos ; étable ; temple, 62 ; etc.

μάνδρα, étable ; parc.

φάτνη, étable ; crèche.

κάπη, crèche, mangeoire (κάπτω 30).

χίλος, nourriture, fourrage.

ἄχυρον, paille, litière.

στρώννυμι (στρό), étendre à terre. — στρῶμα, matelas ; litière, *etc.* = στορέννυμι 43.

C. **Produits des bestiaux.**

a. *Fumier.*

κόπρος, fumier, fiente.

‹ δεῖσα, fumier ; puanteur.

‹ σκύβαλον, σπέλεθος, fumier ; excrément.

‹ σκώρ, *gén.* σκατός, τό, excrément.

‹ ὄνθος, fumier de bœuf, bouse.

‹ σπύραθος, crottes de chèvre *et* de brebis.

‹ τίλος, excrément, ordure.

b. *Tonte; laine.*

Κείρω, couper ; tondre.

Πείκω, tondre ; peigner ; carder, 45, 85.

μαλλός, toison ; longue chevelure.

εἶρος, τὸ, *et* ἔριον, laine.

‹ γράσος, suint de la laine.

c. *Lait, beurre, fromage.*

οὖθαρ, τὸ, mamelle; tétine; *mét.* fertilité.
ἀ-μέλγω, traire; exprimer. ═ ἀμέργω 76.
ἀ-θέλγω, traire, sucer (θέλγω 32).
βδάλλω, sucer; téter; traire : *onom.* vs.
• πέλλα *et* γαυλὸς, vase à traire le lait.
ἤθω, ἠθέω, couler, passer (ἔω 67).
• κρησέρα, passoire, chausse; tamis; crible.
Γάλα, γάλακτος, τὸ, lait.
• ὄρρος, petit-lait; *et* τυρό-γαλα.
Πήγνυμι (παγ), cailler *le lait* : 63.
• πικέριον, beurre. βού-τυρον, *idem.*
τυρὸς, fromage.

D. Basse-cour : pigeonnier.

χόρτος, basse-cour : 72, 76.
• πέταυρον, juchoir; poulailler (πέτομαι 12).
ἀλεκτρυών, ὁ, ἡ, coq, poule.
Ὄρνις, oiseau, 12 : poule, coq.
• κοκκύζω, *onom.* chanter (*coq*), coqueliner.
• κλώζω, *onom.* GLOUSSER (*poule*).
Τίκτω, enfanter : mettre bas : pondre (τεκ, τοκ). ═
  τεύχω 83.
ὠὸν, œuf : λέκιθος, jaune d'œuf.
νεοσσὸς, petit *des oiseaux*; poussin (νέος 37).
• πιπίζω *et* τιτίζω, *onom.* PIauler.
• λίκιγξ *et* στρίβος, piaulis *des petits oiseaux.*
νῆσσα, χὴν, περιστερὰ, 13.
φάσσα, pigeon : πελειὰ, pigeon noir (πελὸς 43).
τρίζω *et* τρύζω, *onom.* murmurer, roucouler. τρυγὼν,
  tourterelle.

E. Agriculture.

a. *Bêtes de travail.*

κτῆνος, τὸ, bête; bétail (κτάομαι 57).
πῶλος, POULain; — ὕννος, *idem.*
καβάλλης, CHEVAL de trait. *V.* ἵππος 11.
κέλης, cheval de selle (κέλλω 64).
• πλίσσω, marcher l'amble, l'entre-pas.

• κάλπη, trot, GALOP.

φρυάττομαι et χρεμετίζω, *onom.* hennir. *V.* βρέμω 4.

b. *Attelage ; chargement ; transport.*

Ζευγνύω, -υμι (ζευγ, ζυγ), joindre ; attacher ensemble.

Ἅπτω (ἀφ), attacher à : — ἅπτομαι 21.

Ῥύω, 57. σύρω, 41, 52.

ἅμαξα, chariot, charrette.

σάσσω (σαγ, σακ), *pp.* couvrir ; charger : remplir : rassasier. — σάγη, harnais, bagage.

c. *Instruments aratoires ; travaux agricoles.*

μάκελλα, δίκελλα, hoyau *à une et deux pointes* (μία, δὶς,
KEL, pointe).

• σμῖνος, houe, pioche.

κεντέω, piquer. — κέντρον, aiguillon ; CENTRE, 61.

νύσσω (νυγ), piquer ; choquer. == νάσσω 95.

στίζω (στιγ), piquer ; marquer d'un fer chaud.

ἀρόω, labourer (ἄρω 85).

• εὔλακα, soc *de charrue*, ἄροτρον.

πολέω, retourner *la terre* (πέλω 21).

αὖλαξ, sillon (αὐλὸς 52, *de sa forme*).

βῶλος, motte, glèbe, champ, masse.

Σπείρω, semer, répandre. == σπένδω 63.

d. *Récolte ; produits.* •

λέγω, recueillir, récolter.

ἀμάω, moissonner : AMASSER.

δρέπω, faucher ; moissonner ; vendanger. *V.* θρύπτω 30.

κρώπιον, ζάγκλη, faux (ζα, ἀγκύλος 92).

• φάκελλος, gerbe, botte.

Produits. — Céréales.

τρύγη, toute céréale ; — vendange.

ὄμπνη, toute céréale ; aliment.

λήϊον, moisson, blé (λάω 33).

στάχυς et ἀθήρ, épi.

Σῖτος et πυρὸς, blé, froment.

κριθὴ et ἀκοστὴ, orge. — • ὄλυρα, *sorte d'orge*.

• βρίζα, seigle. — • βρῶμος, avoine.

• ζέα, épeautre; maïs. • σησάμη, sésame, maïs.
• ὄρυζα, RIZ.
• κέγχρος, millet. • μελίνη, panic, *millet*.
• ζιζάνιον, ivraie, *mét.* ZIZANIE.

Graines légumineuses.

κυαμὸς, *att.* πύαμος, fève; suffrage.
• κιβώριον, fève d'Égypte.
• θερμὸς, lupin (θέρος 3).
• φακὴ, lentille (φάγω 50).
• πίσον, pois; ἐρέβινθος, λαθυρος, pois chiche; vesce.
• ὄροβος, OROBE, crs. — ἄρακος, ἀφάκη, cicerole.

Plantes textiles.

λίνον, LIN : — βύσσος, BYSSUS, lin fin.
κάνναβις, chanvre, *d'où* CHENNEVIS.
• ἀκαλήφη, ortie.

e. *Aire; battage; vannage.*

ἅλως, aire; — HALO, cercle *autour du soleil et de la lune.*
ἀλοάω, fouler *les épis avec un cylindre.* = ἀλίω 90.
• κολετράω, fouler aux pieds *des bœufs.*
κόσκινον *et* κρησέρα, crible, 73.
δι-αττάω, cribler (ἄττω 55).
σήθω, cribler, tamiser, bluter (σάω 65).
λικμὸς, πτύον, σίνιον, van.
ἄχνα, balle du grain; *mét.* chose légère, *comme*
    écume, *etc.*
χόνδρος, grain; grumeau; cartilage, 17.
κόρθυς, monceau *de blé, etc.;* tertre.
σωρὸς, tas; tas de pierres = κρώμαξ 88.
μύκων *et* θίν, tas, monceau.

F. Viticulture.

a. *Vignes : travaux.*

Ἄμπελος, vigne. οἴνη 51.
κλῆμα, τὸ, sarment (κλάω 85).
κάμαξ, échalas, perche (κάμνω 83).
Ταλάω, τλάω, τλῆμι, porter; tolérer, endurer; oser : 30.
Σκάλλω, fouir; sarcler; gratter : approfondir.
Σκάπτω (σκαφ), creuser, fouir.

b. *Raisin.*

βότρυς, raisin, grappe.

σταφύλη, grappe de raisin : 88.

ἄκινος, grain de raisin.

γίγαρτον, pépin de raisin : noyau *de fruit.*

ὄμφαξ, tout fruit vert, verjus (ο *nég.* φάγω 50).

δριμύς, aigre, acerbe; *mét.* violent.

στύφω, agacer les dents. στύω 95. *De là*

στρυφνὸς, aigre, âpre, acide.

c. *Vendange.*

τρύγη *et* δρέπω 74.

ληνὸς, cuve ; pressoir. *V.* λάκκος 7.

Πατέω, fouler ; marcher. = πάτος, chemin.

λὰξ, *adv.* (*frapper*) avec les talons. λακτίζω, ruer.

Πιέζω, serrer avec force.

d. *Vin.*

γλεῦκος, τὸ, moût, vin doux, *de*

Γλυκὺς, doux au goût.

βράζω, *onom.* bouillir, FERMENTER. ζέω 47.

οἶνος, μέθυ, χάλις, *etc.* 51.

G. Noix, olives ; fabrication de l'huile.

καρύα, noyer : κάρυον, noix.

ἐλαία, olivier, olive. ἔλαιον, huile.

ἀμέργω, écacher des olives. = ἀμέλγω 73, ὀμόργω 41,

θλάω, θλίβω, presser, écraser. == τρίβω 93.

φλάω = θλάω, briser, broyer, piler.

H. Horticulture.

a. *Jardin potager : légumes, racines, herbes.*

κῆπος, jardin.

χόρτος, jardin potager, 72.

λαχαίνω, fouir, creuser. — λάχανον, légume.

• ὄσπριον, légume.

• ἀσπάραγος, ASPERGE. • βλίτον, BLETTE.

• δαῦκος, carotte. • θρίδαξ, laitue.

• κάκτος, κινάρα, σκόλυμος, artichaut, CACTUS,

• κιχώρη, CHICORÉE sauvage.

, λάπαθος, oseille. — πρᾶσον, poireau : algue.

, ῥάφ-ανος, RAVE, navet, raifort.

, κράμβη, chou, chou-rave, raifort.

, σίκυος, citrouille ; σίκυος πέπων, melon.

, κολοκύνθη, citrouille, COLOQUINTE.

, φόρυγγες, truffes. — οἶδνον (*tubercule*), truffe.

b. *Verger. Arbres fruitiers.*

παράδεισος, jardin, verger. *Mot oriental.*

θάμνος, pépinière ; verger.

ὄρχος, rangée d'arbres (ἔρχομαι 53).

ὅρμαθος, rangée, file (εἴρω 69).

Καρπὸς, fruit : 19.

, μίσχος, ὀλοόσχος, quene *des fruits.*

, κόκκος, grain, pépin ; πυρήν, noyau.

Arbres fruitiers.

, ἀμύγδαλος, amandier. — ἄπιος, poirier.

, ἀχρὰς *et* ὄχνη, poirier sauvage.

, βάρβιλος, pêcher sauvage.

ἐλαία, olivier : olive. — κότινος, olivier sauvage.

καρύα, noyer. — καστανέα, châtaignier.

κέρασος, cerisier. — κιτρία, citronnier.

, κρανεία, CORNOUiller. — κυδωνέα, cognassier.

, μεσπίλη, néflier ; κράταιγος, néflier sauvage.

μηλέα, pommier. μῆλον, pomme, tout fruit.

, μορέα, MÛRier. — πιστακία, PISTACHier.

, προύνη, PRUNier. προῦνον, prune.

, ῥοά, grenadier : grenade. σίδη, grenade.

συκῆ, figuier. σῦκον, figue.

, θρίον *et* κράδη, branche de figuier.

, ὄλυνθος, figue non mûre *ou* qui ne mûrit pas.

, φιβαλέη, figue sèche. — παλάθη, cabas de figues.

φοῖνιξ, palmier. — δάκτυλος, datte : 20, 52.

c. *Jardin fleuriste et d'agrément. Fleurs.*

Ἄνθος, τὸ, fleur (ἄνω 42).

ἄωτον, *poét.* fleur (*pf.*).

κόρυμβος, sommité de fleur.

κάλυξ, CALICE *d'une fleur* : 49.

πέταλον, feuille ; PÉTALE *de fleur* (πετάω 46).
✦ ἀμάρακος *et* σάμψυχον, marjolaine.
ἴον, violette. ✦ κήρινθον, pâquerette.
κρῖνον, λείριον, σοῦσον, lis.
μήκων, pavot. κώδιον, tête de pavot.
μύρτος, MYRTE.
νάρκισσος, NARCISSE. μελεαγρίς, tulipe.
✦ νήριον, NÉRION, laurier-rose.
ῥόδον, ROSE. ὑάκινθος, JACINTHE.

Sécheresse. Arrosage.

Σκέλλω, dessécher ; amaigrir ; durcir. σκληρὸς, dur.
ξηρὸς, sec, *pp.* fendu (ξέω 46).
✦ ψαφαρὸς = ψαθυρὸς, κραυρὸς, sec ; friable *(terre)*.
στεῖρος, stérile (? στερεὸς 88, στερέω 58).
αἰονάω *et* διαίνω, arroser. = δεύω 87.
ἄρδω, arroser ; abreuver.
ῥαίνω, arroser : saupoudrer.

I. Abeilles, leurs travaux et leurs produits.

σιμὸς, camus, qui a le nez écrasé, *épithète des* abeilles *et des* chèvres. *De là*
σίμβλη (σιμ-έλη), ruche ; *et*
σμῆνος, τὸ, *et* ἑσμὸς, ruche, essaim (ἕω 67).
✦ ὗρον, essaim ; rayon de miel.
✦ κυψέλη, ruche ; trou de l'oreille, 17.
✦ σχαδὼν, jeune abeille ; alvéole *de ruche*.
βεμβέω, bourdonner. *onom.* v... v...
✦ ἐριθάκη, suc gommeux des fleurs.
✦ μίτυς, premier fondement d'un rayon.
✦ τιθαιβάσσω, faire du miel.
Μέλι, τὸ, MIEL : — μέλισσα, abeille.
βλίττω (=μελίσσω), exprimer le miel.
κηρὸς, CIRE.

§ XII. COMMERCE.

A. Vente, achat, échange.

Πωλέω, vendre.
Περάω, passer, 54 ; transporter ; vendre. *De là*
Πι-πράσκω (πράω = περάω), vendre ; *et*

Πρίαμαι, acheter ; racheter ; affermer.

Ὠνέομαι, acheter ; louer, affermer.

Ἄξιος, du prix *ou* de la valeur de ; comparable *ou* égal à ;
   digne de (ἄγω 65).

Ἀμείβω, passer ; échanger ; alterner. = ἀμεύω 54.

Τίω, payer, ἀπο‑τίνω. 62.

‹ ἀρραβών, ARRHES ; gage, *terme oriental.*

Κέρδος, τό, gain ; utilité ; ruse.

Ὄλλυμι, perdre ; détruire, faire périr.

ὀφείλω, devoir ; être obligé à.

B. Système général des poids et mesures.

Μέτρον, mesure (*pf.*) ; MÈTRE, *pied de vers.*

1. *Mesures de longueur.*

Μῆκος, τό, longueur : μακρός, long. = μέγας 37.

‹ δάκτυλος, doigt = centim. 1,875.

‹ κόνδυλος, condyle = 2 doigts = centim. 3,75.

‹ ἀντί‑χειρ, pouce = 3 doigts = centim. 5,625.

‹ παλαιστή *et* δῶρον, palme, *largeur de la main,* =
   4 doigts = centim. 7,5.

‹ διχάς, demi‑pied = 8 doigts = 0^m,150.

‹ λιχάς, petit empan = 10 doigts = 0^m,1875.

‹ ὀρθόδωρον, longueur de main = 11 doigts = 0^n,207.

‹ σπιθαμή, grand empan = 12 doigts = 0^m,225.

Πούς, PIED, *unité*, = 16 doigts. — pied hellénique =
   0^m,30 ; pied attique = 0^m,308.

‹ πυγμή, pygme = 18 doigts = 0^m,337.5.

‹ πυγών, pygon = 20 doigts = 0^m,375.

πῆχυς, κύβιτον, ὠλένη, coudée, 1 $^1/_2$ pi., = 24 doigts.
   = 0^m,450.

‹ ξύλον, xylon = 4 $^1/_2$ pi. = 1^m, 35.

ὄργυια, orgye, toise grecque = 6 pi. = 1^m, 80.

‹ ἄκαινα, acène, perche = 10 pi. = 3 mètres.

‹ ἄμμα, hamma, petite chaîne = 60 pi. = 18 mètres.

πλέθρον, plèthre, grande chaîne = 100 pi. = 30 mètres.

2. *Mesures itinéraires.*

στάδιον *et* αὐλός, stade, aule = 600 pi. = kilom. 0,180.

‹ δί‑αυλος, diaule, double stade = kilom. 0, 360.

ἱππικὸν, hippique = 4 stades = kilom. 0,720.

μίλιον, mille = 8 st. 200 pi. = kilom. 1,500.

δόλιχος, dolique = 12 st. 200 pi. = kilom. 2,218

παρασάγγης, parasange *de Perse* = 29 st. 100 pi. = kilom. 5,250.

3. *Mesures agraires.*

ποῦς, pied carré = 9 décim. car.

ὄργυια, orgye carrée = 36 pi. car. = mèt. car. 3,24.

ἄκαινα, acène carrée = 100 pi. car. = 9 mèt. car.

ἄρουρα, arure = 2500 pi. car. = ares 2,25.

πλέθρον, pléthre carré = 10000 pi. car.; *unité des mesures agraires.* = 9 ares.

4. *Mesures de capacité* (système attique).

κοχλεάριον, cuillerée = 0,45 décilit.

χήμη, petite chème = 2 cuillerées = 0,90 décil.

μύστρον, mystre, petit = 3 c. = 1,35 décil.

Id. grand = 4 c. = 1,80 décil.

κόγχη, conque = 5 c. = 2,25 décil.

κύαθος, cyathe = 10 c. = 4,50 décil.

ὀξύβαφον, oxybaphe = 15 c. = 6,75 décil.

ἡμικοτύλη, 1/2 cotyle = 30 c. = 13,5 décil.

κοτύλη, cotyle = 60 c. = 27 décil.

ξέστης, setier = 120 c. = 54 décil.

χοῖνιξ, chénice = 240 c. = litres 1,08.

μάρις, maris = 360 c. = litres 1,62.

χοῦς, conge = 720 c. = litres 3,24.

ἄδδιξ, addix = 960 c. = litres 4,32.

σάτον, sat = 1440 c. = litres 6,48.

ἑκτεύς, hecte = litres 8,64.

κόφινος, μόδιος, cophinus, modius = litres 9,72.

τριτεύς, trite = litres 17,28.

ἀμφορεύς, amphore = litres 19,44.

μετρητής, METRÈTE, κάδος. *Unité des mesures de capacité.* = un pied cube = 10 cotyles = 6000 cuillerées = litres 27.

μέδιμνος, médimne = litres 51,84.

κόρος, corus = hectol. 1,90. 40.

5. *Poids attiques.*

τάλαντον, balance ; talent. *V. plus bas.*

• σταχάνη, balance. σταθμός, balance ; poids (στάω 23).

• ζυγός, fléau de balance (ζεύγω 74).

κανών, aiguille d'une balance ; règle (*pf.*).

• πλάστιγξ, plateau *ou* bassin *de balance*.

• σταθμός, poids ; balance.

Βάρος, τό, pesanteur : βαρύς, pesant. = φέρω 93.

κοῦφος, léger, non pesant.

ῥέπω, pencher, incliner.

———

ὀβολὸς, OBOLE = centigr. 75.

δραχμή, DRACHME, *unité de poids*, = 6 oboles = grammes 4,50.

μνᾶ, MINE. = 100 drachmes. = grammes 450.

τάλαντον, talent = 60 mines = kilogrammes 27.

Dans les premiers temps, le rapport entre les poids et les monnaies des Grecs était identique. De là vient que les noms des poids sont aussi des noms de monnaie. Dans la suite, ce rapport diminua successivement.

6. *Monnaies attiques.*

• νόμισμα, νοῦμος, pièce de monnaie.

• στίλη *et* κόλλυβος, petite pièce de monnaie.

a. Monnaies de cuivre (helléniques).

• λεπτὸν, lepte = centimes 0,7.

• ἀσσάριον, assarion = cent. 1,4.

• χαλκοῦς, chalque = cent. 2.

b. Monnaies d'argent (attiques).

(Petit et grand système, c'est-à-dire proportionnel à la grande et à la petite drachme.)

• δίχαλκον, dichalque. = cent. 3 et 4.

ὀβολὸς, OBOLE. = cent. 12 et 16.

λίτρα, litra = cent. 21 et 27.

δραχμή, DRACHME, *unité de monnaie à laquelle tout se réduisait. Elle variait suivant les pays.* = cent. 65 et 85.

Drachme hellénique = fr. 0,69.
Id. attique, petite = fr. 0,72.
Id. attique, grande = fr. 0,96.
σίκλος, petit sicle = cent. 90 *et* 1,20.
στατὴρ ἀττικὸς, stater attique, grand sicle, = fr. 2,88 et
3,84.
μνᾶ ἀργυρᾶ ἀττικὴ, mine = 100 drachmes = f. 72 et 96.
τάλαντον ἀργυροῦν ἀττικὸν, talent d'argent attique = 60
mines = 6000 drachmes.
Petit = fr. 4320; grand = 5760.
Hellénique = 4140.

La *mine* et le *talent* étaient des monnaies fictives et de
compte seulement.

c. Monnaies d'or.

τάλαντον χρυσοῦν, talent d'or. = 6 drachmes. = f. 5,76.
ἡμιχρύσους, ἡμιστατήρ, $^1/_2$ statère, $^1/_2$ chrysus. = f. 9,60.
στατὴρ ἀττικὸς, χρυσοῦς, stater attique, chryse = f. 19,20.
διστάτηρ, σίκλος, distatère, sicle d'or. = fr. 38,40.

N. B. On a omis beaucoup de multiples et de sous-multi-
ples, pour abréger cette nomenclature.

§ XIII. INDUSTRIE.

A. Action, travail.

Πεῖρα, essai, tentative, expérience.
Δράω, agir, faire : — *et* διδράσκω (δράω), s'enfuir,
s'évader.
Οἷος, quel (ὅς, qui). — *Ses corrélatifs sont* τοῖος, tel, *et*
ποῖος, quel ? — τοῖος *vient de* τὸς (ὁ, ἡ, τὸ), *et* ποῖος
de πὸς.
Ποιέω, faire ; faire des vers, 52 (ποῖος, quel).
Πράσσω (πραγ), agir ; faire, exécuter.
κραίνω, *poét.* effectuer ; régner. = κράω 40.
ἀσκέω, exercer, pratiquer ; instruire ; faire avec art.
Πένομαι, PEINer, travailler ; être pauvre.
Ἔργω, faire. ἔργον, œuvre ; action. *De là*
ἀργὸς (ἀ-εργὸς), actif, agile ; — désœuvré, paresseux
(α *augm. ou nég.*), *et*
ὄργανον, instrument ; ORGANE ; ouvrage.

— 83 —

τέλλω, *prés. inus.* faire lever ; effectuer : — ἀνα-τέλλω, se lever (*astres*). — (τέλος 70).

Κάμνω, travailler ; être fatigué.

μόθος *et* μόλος, travail ; combat.

μόγος *et* μόχθος, travail pénible ; souffrance.

Μηχὰνη, MACHINE, instrument ; *mét.* moyen ; artifice. = μάχομαι 68.

Ἄρω, adapter, ajuster. *De là*

Ἀρτάω, attacher à, suspendre à, *et*

ἁρμόζω, adapter, approprier.

Ῥάδιος (ῥαΐδιος), facile (? ῥέζω 63).

χαλεπὸς, difficile ; nuisible.

B. Repos, cessation.

Παύω, faire cesser ; *intr.* cesser, *et* παύομαι.

Λήγω, cesser ; faire cesser ; se terminer en *pointe, etc.*

Ἐάω, cesser ; laisser aller ; omettre ; permettre.

ἐλιννύω, cesser, rester oisif ; temporiser.

λωφάω, se reposer ; respirer. = λείπω 68.

C. Professions, arts et métiers.

Τέχνη, art ; *mor.* ruse, artifice. =

Τεύχω, fabriquer ; construire ; forger.

Bijoutier.

μάργαρον, perle (μαίρω 2).

σίγλαι, boucles d'oreilles : 60.

ψάλιον, ψέλλιον et μάννος, bracelet, collier : 84.

ἄμπυξ, chaînette d'or. *ou ruban pour tenir les cheveux.*

ὅρμος, collier. — mouillage, havre, 5 (εἴρω 69).

περόνη *et* πόρπη, agrafe. (*Le premier est l'*anneau, *le deuxième le* crochet.)

Boucher.

ἄρταμος, boucher ; cuisinier (ἄρω 83).

Σφάζω (σφαγ), égorger, massacrer.

δέρω, écorcher, dépouiller. *De là*

δρύπτω, déchirer ; égratigner. = θρύπτω 30.

σπαράσσω, déchirer, mettre en pièces.

σπαίρω, palpiter.

Boulanger, pâtissier.

κάχρυς, orge passée au four.

κοδομεύω, torréfier l'orge.

κλίβανος, four à torréfier l'orge : 47.

κάρδοπος, pétrin.

σηλία, pétrin; huche : crible (σήθω 75).

μάσσω (μαγ), pétrir; manier; essuyer, 46.

σταῖς ou σταίς, pâte ; graisse. = στέαρ 17.

ζύμη, levain, pâte fermentée (ζέω 47).

πέπτω, cuire, etc. 48.

κάμινος, four; fournaise; CHEMINÉE.

Ἄρτος, pain (ἄρω 83).

κόλλυρα, petit pain.

μάζα, gâteau, galette. V. ἄρτος 84.

ἄβαρ, sorte de pâtisserie légère.

ἀμόρα, pâtisserie au miel.

ναστός, pain d'épice. — νώγαλα, friandises.

Bourrelier, sellier. — Harnais.

φιμός, licou; frein; bride.

κημός, licou; muselière : 55.

χαλινός, frein, mors ; bride (χαλάω 92).

ἡνία, frein; bride, rênes. — εὔληρα, idem.

ψάλιον, frein, gourmette : 83.

ἱμάς, άντος, courroie, lanière. = ἱμάω 42. De là
ἱμάσθλη et μάσθλη, lanière ; fouet de cuir, et
μάστιξ, lanière, sangle ; fouet.

ἀμπρόν, trait, longe de cuir.

ἀστράβη, selle ; bât.

Bûcheron.

ἀξίνη, hache; scie (ἀκή 66).

πέλεκυς, hache, cognée.

Ὀξύς, aigu ; tranchant ; — acide ; pénétrant, perçant
(sens) (ἀκή 66).

ἀμβλύς, émoussé ; mét. affaibli (sens); obtus (angle, esprit).

θήγω, aiguiser ; mét. exciter.

ἀκόνη, pierre à aiguiser (ἀκή 66).

Κόπτω, frapper ; couper ; fendre.

Σχίζω, scier, fendre. = ξέω 46. σχάω 90.

σφήν, coin à *fendre* (σπάω 7).
Κλάω, incliner : rompre. = κλίνω 57.
Θραύω, fracasser, briser. *V.* θρύπτω 30.
ῥαίω, frapper ; briser ; détruire.
ἀ-ράσσω, ῥάσσω, ῥήσσω, frapper ; briser. — Ῥηγνύω, -υμι
    (ῥαγ), déchirer, briser, fracasser. *onom.* RAC, FRAC. =
ἐρείκω, rompre, briser.
λέπω *et* ὀ-λόπτω, écorcer, peler (λέπος 9).

Cardeur.

ξαίνω (ξαν, ξάω), carder ; peigner. = ξέω 46.
κνάπτω *et* γνάπτω, carder, peigner, 89.
πείκω, tondre, 72 ; carder ; peigner.
• τολύπη, laine cardée ; peloton *de laine.*

Cabaretier, aubergiste.

κάπηλος, cabaretier ; revendeur. — *adj.* falsifié.
Πᾶς, tout ; entier. — *V.* δέχομαι 21.
κῶμυς, branche à la porte d'un cabaret ; botte *ou* poignée
    de qc.
φορύω, φύρω, mêler : détremper ; pétrir : salir.

Charlatan ; magicien ; prodiges.

γόης, enchanteur, charlatan (γόος 34).
μάγος, MAGE ; MAGicien. *De là*
μάγγανον, prestige, enchantement.
• τελχίν, sorcier, magicien, enchanteur.
• σαννίων, jongleur, bateleur.
Ἀγείρω, rassembler : ἀγύρτης, charlatan.
Φαίνω (φαν), montrer, faire voir.
τέρας, τὸ, prodige ; signe ; monstre.
πέλωρ, τὸ, monstre.
Θαῦμα, τὸ, prodige, merveille (θάω 31).

Charpentier.

τέκτων, charpentier ; menuisier ; artisan *en général* (τεύχω
    83).
κύβηλις, hache (κόπτω 84).
σκέπαρνον, hache à deux tranchants.
τέμνω, couper, trancher, fendre.

πρίω, scier. = πείρω 48.
κίνδαλος, clou, cheville.

Charron.

ἅρμα, char. ὄχος, δίφρος; 57.
ἀπήνη, char. ἅμαξα 74.
Πηγνύω, –υμι (παγ), assembler, composer un tout solide
    de plusieurs parties : 63.
• ἴτυς, circonférence d'une roue, 61.
• ἄντυξ, tour d'une roue ; roue : tout objet circulaire.
• κάνθος, bande de fer d'une roue : 17.
• πλήμνη, moyeu de roue (πέλω 21).
• τόρμος, moyeu ; — ornière (τερέω 90).
• ἄταρνον, fer intérieur du moyeu.
• κνήμη, rais ou rayon de roue : 20.
Ͽαιρὸς, essieu : gond, 42.
ἄξων, essieu : axe.
• (ῥυμὸς, timon de voiture (ῥύω 57).

Chasseur ; épieux, filets, glu.

ἄγρα, chasse ; — pêche : gibier (ἄγω 65).
Θὴρ, bête sauvage : — Ͽήρα, chasse ; gibier.
σκῶλος, d'où σκόλοψ, bâton pointu : épine.
• σιγύνη, σιβύνη, épieu ; dard.
• αἰγανέα, javelot léger (αἴξ 71).
ἄρκυς, filet, rets, 92.
βρόχος, lacs, lacet ; nœud coulant.
• παλεύω, tendre des filets, des piéges.
• στάλιξ et σχαλὶς, fourche pour soutenir les filets.
• στελὶς, λοῦσσον et ὔφεαρ, gui ; glu.
ἰξὸς, gui ; glu (ἴσχω 57).
γλία, GLU, colle. De là
γλοιὸς et γλισχρὸς, visqueux ; GLissant.

Cordier.

σχοῖνος, jonc ; corde de jonc (σχεῖν 57).
στύπη, étoupe, filasse. V. κάνναβις 75.
σπάρτον, genêt d'Espagne ; SPARTE.
σειρὰ, corde de jonc, etc. (εἴρω 69).
σπεῖρα, SPIRale ; repli tortueux ; corde : 14, 65.

‣ μήρινθος, ficelle ; ligne *à pêcher*.
‣ μέρμις, ficelle ; fil (μηρύω 88).
ὁρμιὰ, ficelle ; ligne *de pêcheur* (εἴρω 69).
ἰδνόω, courber, plier ; tordre.
Στρέφω, tourner ; tordre : retourner, revenir (τρέπω 1).
στραγγὸς, tordu : — *mor.* pervers : — στράγξ 93. =
στρόγγυλος, rond, arrondi.

Cordonnier.

‣ πίσυγγος, savetier, cordonnier (πίσσα).
πίσσα, poix. *V*. πεύκη 9.
σκῦτος, peau, cuir ; fouet *de cuir*.
‣ ῥινὸς *et* γρῖνος, peau, cuir ; bouclier.
σμίλη, tranchet ; canif ; scalpel ; ciseau ; ciseaux : *en gén.*
    instrument tranchant. 94.
‣ ἄρβηλον, tranchet. — κοσκυλμάτια, rognures de cuir.
ἠπάω, percer avec une alène : recoudre. = ὀπή 91.
κασσύω, recoudre, ressemeler (κατὰ–σύω, coudre, *conservé*
    en latin, suo, *d'où* sutor). *V*. σύω 65.
‣ ῥομφεῖς, aiguillettes de cuir *pour coudre les souliers*
    (ῥάπτω 94).
‣ ἄρακτον, noir *pour le cuir*.

Corroyeur ; tanneur ; peaussier.

‣ δέφω, écorcher ; préparer les peaux crues. — δεψέω,
    corroyer. =
δεύω (= δέφω), arroser ; mouiller, tremper ; teindre ;
    pétrir. = διαίνω 79.
κόλλοψ, cuir de bœuf.
βύρσα, peau apprêtée, cuir.
διφθέρα, peau de bête (δέφω, θήρ 86).
‣ μανδάκη, peau, cuir.
κῶς, κωὸς, peau de mouton, toison.
νάκος, τὸ, peau avec son poil.

Fileur.

νέω *d'où* νήθω, filer : νῆμα, fil.
κλώθω, filer, dévider.
ῥέμβω, *onom.* faire tourner ; ῥόμβος, rouet.
ἠλακάτη *et* ἄτρακτος, quenouille ; fuseau.

• πήνη, fuseau.
μηρύω, dévider, mettre en peloton.

Forgeron, taillandier, serrurier.

βάναυσος, forgeron; artisan. αὔω 47, et
βαῦνος, forge; cheminée.
σόλος, masse de fer. *V.* σίδηρος 7.
• μύδρος, fer rouge.
ἄ-κμων, enclume (ἀ *nég.* κάμνω 83).
σφύρα *et* αἶρα, marteau.
πατάσσω (παταγ), *onom.* frapper avec bruit.
χηλή, pince, tenailles : 10, 12.
ῥίνη, *onom.* lime. — ἀρίς, râpe (αἴρω 95).

Maçon.

ἐρείπω, abattre, démolir.
στηρίζω, consolider; appuyer, étayer : *de*
στερεός, solide; massif (στάω 23).
ἐρείδω, appuyer, soutenir. ἔρμα, soutien.
σκήπτω, appuyer; fondre impétueusement.
• ῥηπαί, étançons, pieux pour soutenir.
Δέμω, bâtir, construire : δόμος, maison.
κτίζω, fonder; bâtir; établir.
θέμηλον, fondement : *de*
Τίθημι (θέω), poser, placer, mettre.
λᾶς *et* λίθος, pierre : — κρώμαξ, tas de pierres, etc.
Κινέω, mouvoir, remuer. = κονέω 41.
κυλίω *et* ἀλίω, rouler : = ἐλίσσω 1.
κόχλω, faire tourner, rouler. = κύκλος 61.
μόχλος, ὀχλεύς, levier; verrou.
• πῆχυς, équerre : 19, 79. — τύχος, pic, truelle.
• σταφύλη, niveau, fil à plomb. 76.
γύψος, τίτανος, ἄμμος 8 : πηλός 93.

Médecin, chirurgien.

A. Maladie, souffrance.

Νόσος, maladie.
Πάσχω (παθ), souffrir; *en gén.* être affecté *d'une manière
quelconque.* — πάθος, πόθος 30.

ὀδύνη, douleur. = ὠδίν 38 ; ὀδύρομαι 34 ; ὀδύσσω 32.

φθέω, φθίω *et* φθείρω, corrompre, gâter.

σμύχω, consumer, faire périr.

μαραίνω, flétrir, faner ; consumer peu à peu.

Maladies ; plaies, ulcères, etc.

‧ ἀγλίη, taie blanche sur l'œil.

‧ ἄχωρ, teigne, gale de la tête.

βήσσω, tousser. βήξ, βηχὸς, toux.

‧ βράγχος, enrouement : = βρόγχος 18.

‧ γάγγραινα, GANGRÈNE (γράω 94).

‧ δοθιήν, clou, furoncle.

ἕλκος, τὸ, *et* ἄπελος, ulcère.

  ‧ ἰχὼρ, sérosité, sanie.

  ‧ πύος, PUS, sanie.

ἴκτερος, jaunisse, ICTÈRE.

κήλη, hernie ; tumeur.

  βούβων, BUBON ; tumeur à l'aine.

  Ὄγκος, enflure ; masse, poids ; — crochet.

  Οἰδέω, être enflé, s'enfler (*pf.*).

κίρσος, varice.

‧ κόρυζα, CORYZA, rhume ; *mét.* sot orgueil.

‧ λάπη, pituite. = λείβω 63.

‧ λείχην, dartre vive (λείχω 71).

‧ λήμη, chassie.

λοιμὸς, contagion, peste. — *V.* λιμός 50.

λύμη, mal ; peste ; *mét.* dommage (λύω 69).

λύσσα, rage (*pf.*).

‧ μάλκη, engourdissement causé par le froid ; engelure (μαλακὸς 15).

‧ μίλφαι, chute des cils.

‧ πλάδον, humeur surabondante.

πυρετὸς, fièvre (πῦρ 47).

  ‧ ἠπίαλος, ÉPIALE, *espèce de* fièvre.

  φρίσσω (φρικ), *onom.* FRISSONNER : FRÉMIR.

πῶρος, cal, durillon ; *mét.* misère : 33.

‧ τύλος, cal, durillon, cor *aux pieds.*

ψώρα, gale ; dartre (ψάω 46).

  κνάω, gratter, démanger ; raser.

  θρυγανάω, frotter, gratter.

B. Soins; opérations, remèdes; guérison.

Ὦρα, soin (ὁράω 20).

ἀλέγω, soigner, avoir soin de.

ἄλθα, chaleur; fomentation : guérison. = ἀλθέω 8.

Θεραπεύω, servir; traiter *un malade* (Θέρος 3). *V.* Θεράπων 41.

ἰνέω, vider; purger, faire évacuer.

λαπάζω, vider, évacuer. — ἀ-λαπάζω, vider; piller (λάπτω 71).

ἐμέω, vomir.

σχάω, scɑrifier. = σχίζω 84; ξέω 46.

ἀμύσσω, égratigner, scarifier.

Ἀκέομαι, pp. coudre : raccommoder : guérir (ἀκή 66).

Ἰάομαι, panser; guérir (ἴω 67). = ἰαίνω 47.

ῥαΐζω, recouvrer la santé (ῥάδιος 83).

C. Quelques plantes médicinales.

‹ ἀκόνιτον, ACONIT. ἀλόη, ALOÈS.

‹ ἀσφόδελος, ASPHODÈLE. ἄσκυρον, millepertuis.

‹ ἄψινθος, ABSINTHE. βαλλοτὴ, marrube.

‹ γεντιάνη, GENTIANE. δίκταμνον, DICTAME.

‹ ἑβίσκος, guimauve. ἰασώνη, liseron.

ἑλλέβορος, ELLÉBORE. κήρινθον, pâquerette.

‹ κλύβατις, pariétaire. κολχικὸν, COLCHIQUE.

‹ κώνειον, ciguë. — κυκλάμινος, CYCLAMEN. — κύμινον, CUMIN.

μαλάχη, mauve. ὀρείγανον, ORIGAN.

‹ ὄρτυξ, plantin. πτερίς, fougère.

‹ ὕσσωπος, HYSSOPE. πήγανον, rue.

Menuisier.

σανὶς, ais, planche; plancher.

πίναξ, planche, ais : 59.

ῥυκάνη, rabot, varlope (ῥύω 57).

‹ μίλιγδος, vrille, vilebrequin.

Τερέω, TROUER, percer; blesser; — TOURNer, faire au tour. — τράω, τιτράω, τρόω, τιτρώσκω, πείρω, τρύω, τρίβω, Θρύπτω, etc. var. *du même mot.*

τρύπα, TROU; TARIÈRE (τερέω).

ὀπή, trou ; incision, ouverture.
Πείρω, PERCer ; traverser. ═ περάω 53.

Mercier.

‣ γέλγη, mercerie ; teinture, 94.
‣ ῥῶπος, menue mercerie.
‣ βελόνη, aiguille (βέλος 67).
μέρμις *et* νῆμα 87.
μέταξα, soie.
‣ θύσανος, λῶμα, λέγνον, frange, bordure.
‣ κράσπεδον *et* κροσσὸς, bordure ; bord *d'une robe.*
ταινία, ruban ; TÉNIA, ver solitaire.
‣ λημνίσκος, ruban *fabriqué à* Lemnos.
‣ κόμβος *et* κόσυμβος, nœud ; frange.

Meunier.

μύλη, MEULE. — μυλὼν, MOULin.
ἀλέω, moudre : ἄλευρον, farine. ═ ἀλίω 88.
ἄλφιτον, farine (ἀλφὸς 43).
ἀθάρα, farine ; orge mondé.
‣ γύρις, fleur de farine.
‣ σίλιγνις *et* σεμίδαλις, fleur de farine.
‣ κρίμνον, grosse farine (κρίνω 59).
‣ πίτυρον, son ; crasse de la tête.

Orfèvre.

χρυσὸς *et* ἄργυρος 7.
χώνη (χοάνη), creuset, entonnoir (χέω 51).
μέλδω, liquéfier ; consumer. *V.* τήκω 96.
κίβδης, scorie *des métaux.* De là
κίβδηλος, mêlé de scorie, non affiné (*métal*) ; falsifié.
‣ καλαῦριτις, scorie de l'argent.
‣ ὄβρυζον, or épuré, or pur.
βάσανος, pierre de touche : *mét.* torture, épreuve, 59.

Parfumeur.

μύρον, parfum liquide, essence (μύρω 7).
ἄρωμα, τὸ, AROMATE, parfum.
‣ βάλσαμον, BAUME : ἄμωμον, AMÔME. *De là*
‣ κιννάμωμον, *et* κασία, canellier, canelle.

‧ θύμος, THYM (θύω 63).

‧ θύμβρα, κονίλη, THYMBRE, sariette.

‧ κρόκος, safran : κνῆκος, safran bâtard.

‧ λάκαφθον, lacaphthe. — νάρκαφθον, narcaphthe.

‧ κύπρος, troène (Cypre, île).

‧ μάραθρον, fenouil. μίνθα, MENTHE.

‧ νάρδος, NARD. νάρτη, NARTE.

νάρθηξ, férule. σίσων, SISON amomum.

Pêcheur.

Ἄγρα, pêche ; chasse, 86 ; poisson ou gibier pris.

δέλω, amorcer : mor. tromper. δέλεαρ, τὸ, appât.

ἄγκιστρον, crochet ; hameçon.

ἀγκύλος, crochu, recourbé. — V. ἄγκαι 19.

ὁρμιά, μήρινθος, ficelle, 87 ; ligne à pêcher.

δίκτυον, filet (δίκω 56).

γρῖπος, ἄρκυς, filet.

‧ σαγήνη, σαργάνη et γαγγάμη, seine, nasse.

χαλάω, descendre, laisser aller, jeter un filet, etc.

Peintre.

Γράφω, GRAVer, 94 ; peindre ; écrire, 59.

‧ σκάριφος, pinceau ; style.

‧ κίνναβος, modèle, original.

‧ κάναβος, poupée, mannequin.

Μιμέομαι, imiter, contrefaire (μῖμος 53).

Εἴκω, ressembler : 27. εἰκών, image.

Ὁμός d'où ὅμοιος, semblable, pareil.

Ἴσος, semblable, pareil ; égal.

ἀλίγκιος, poét. semblable.

Couleurs.

χράω, colorer : —χρόα, χροία, couleur ; teint : surface ;
        peau.

μίλτος, minium, vermillon.

‧ σάνδυξ, oxide rouge de plomb.

‧ ψίμμυθος, céruse, oxide blanc de plomb.

‧ (ὠχρά, OCRE, oxide de fer (ὠχρὸς 25).

Voyez Couleur des habits, 43, et Teinturier, 94.

Τείρω, broyer ; — percer ; consumer ; sécher ═ τέρσω 46.
Τρίβω, TRIturer, broyer ; user ; atténuer ; tourmenter. ═
τερέω 90; τρύω 44.

Pharmacien.

φάρμακον, médicament, remède ; poison : substance tinc-
toriale.
κυκάω, mélanger, mixtionner.
Μιγνύω, -υμι, μίσγω, mêler, mélanger.
πτίσσω, monder ; piler *dans un mortier.*
λίγδος *et* θυεία, mortier.
ὅλμος, mortier cylindrique : 18.
δοίδυξ, pilon ; cuiller, 49. — ὕπερος, pilon.
μήλη, spatule ; sonde.
σπάθη, SPATule ; espadon, épée : 95.

Drogues.

κάρπασος, drogue vénéneuse.
ὀπὸς, suc *des plantes* (ὀπή 91).
στράγξ, goutte *obtenue par expression.* ═ στραγγός 87.
κόμμι, GOMME : χαλβάνη, GALBANUM, *gomme.*
μαστίχη, MASTIC, *gomme du lentisque,* σχίνος.
δόδρα, julep composé.
δρώπαξ, épilatoire (δρέπω 74).
κολλύριον, COLLYRE, *pour les yeux.*

Porte-faix.

Ἄχθος, τὸ, poids, fardeau (ἄγω 65).
Φέρω, porter ; — apporter — emporter — supporter.
Ἐνέκω, ἐνέγκω, porter, *pr. inus.*
Οἴω (ὄω), porter, *prés. inus.*
φόρτος, FARdeau, charge (φέρω).
βαστάζω, porter un fardeau. (βαστὸς, bâton crochu, *d'où*
bât (bast).
Αἴρω, ἀείρω, lever ; enlever. ═ αἱρέω 21.
(τανά-φορον, crochet de porte-faix).

Potier de terre, briquetier, tuilier.

κέραμος, terre à potier (κεράω 51).
πηλὸς, boue, 7; mortier, 88; argile. — ? *D'où*

Πλάσσω, façonner, *pp. avec de l'argile : fig.* imaginer.
ἄργιλος, ARGILE (ἔργω 82, ou ἀργὸς 7).
ὄστρακον, vase de terre cuite ; tuile, brique, carreau ; coquille, 15.
• ὕρχη, vase de terre à deux anses.
πλίνθος, brique, tuile, carreau ; PLINTHE.

Sculpteur et graveur.

γλάφω *et* γλύφω, creuser, tailler, sculpter ; *anal.* γράφω, *plus bas, et*
Κολάπτω, frapper ; inciser, tailler.
γράω *d'où* γραίνω, CREUSER, GRAVER : manger, GRUGER, croquer, GRignotter.
σμίλη, ciseau *de sculpteur*, 87.
σκίρος, éclat de pierre (σκαίρω 53).
βρέτας, τὸ, statue. — ἀνδρίας, -αντος.

Graveur.

Γράφω, CREUSER, GRAVER, *d'où* peindre, écrire (γράω 94). =
Χαράσσω, CREUSER, GRAVER ; écrire.
• κέστρον *et* τόρειον, touret, burin (κέω 47, τερέω 90).

Tailleur.

Τέμνω, couper, tailler (*tam, tem, tom, tm*).
Ῥάπτω (ῥαφ), coudre ; RAVauder ; *mét.* machiner.
• ἀκέστρα, aiguille (ἀκέομαι 90).
κύαρ, τὸ, trou *ou* chas *d'aiguille* (κύω 47).
ψαλίς, ciseaux (ψάω 88). — *V.* Mercier, 91.

Teinturier, dégraisseur.

Βάπτω (βαφ), plonger dans l'eau ; tremper dans ; teindre.
ῥήσσω, teindre ; ῥογεύς, teinturier. ῥέζω 63.
τέγγω, mouiller ; amollir ; — teindre. = τήκω 96.
Μιαίνω, teindre ; souiller, salir, 34.
δεύω, mouiller, tremper, 87 ; teindre.
γέλγη, teinture ; mercerie. γέλγω, teindre.

Plantes et matières tinctoriales.

κόκκος, grain, pépin : — graine *qui fournit l'écarlate.*

• ὕσγινον, quercus coccifera, *qui donne le* kermès *avec lequel on teint en écarlate.*

ἰνδικὸν (χρῶμα), INDIGO : — (φυτὸν), poivre.

• σχεδιὰς *et* λύκαψος, orcanette.

• κάλχη, plante *ou* coquillage *dont on teint en pourpre.*

πορφύρα, POURPRE, 15.

Dégraisseur.

ῥύπος, crasse, ordure. — ῥύπτω, dégraisser.

σπίλος, κηλὶς, tache. — *V.* Lavage, 46.

Terrassier, paveur.

χώννύω, amonceler de la terre (χόω = χέω 51).

νάσσω, aplanir, égaliser ; fouler.

στύω, condenser ; — resserrer (*astringents*). *De là*

στύφω, *idem;* agacer les dents, 76. =

στείβω, fouler, durcir en foulant, ST.

ἔδαφος, τὸ, sol ; pavé : = οὖδος 41.

λειὸς *et* λισσὸς, uni, LISSE. *De là*

λίστρον, batte, demoiselle, *instrument de paveur.*

Tisserand.

κόλλα, COLLE ; encollage, parou.

στήμων, chaîne (στάω 23).

• ἄγνυθες *et* λέα, pierres *que les tisserands suspendaient aux fils de leur chaîne pour les tendre.*

μίτος *et* καῖρος, fil de la trame.

• ἤτριον, trame ; tissu.

ἱστὸς, ensuble ; chaîne ; toile : 64.

ὑφάω, ὑφαίνω, tisser, faire de la toile.

κέρκω *et* κρέκω, *onom.* CR. — tramer : 52. — κροκὴ, trame. — κερκὶς, navette.

εἴρω, nouer : lier : faire un tissu, 69.

σπάθη, peigne *pour serrer le tissu* : 93.

πῆνος, tissu, toile.

πυκνὸς (πυκὸς), dru, serré, dense.

ἀδινὸς, ἀθρόος, dru, serré. = ἀδρὸς 25.

χαῦνος, lâche (*tissu*) ; léger, vain (χάω 68).

ἀραιὸς, rare, non dense : poreux.

σπανὸς, μάνος, rare, non serré.

Tourneur.

τόρνος, TOUR. — *onom.* TR. *V.* τερέω 90.

Vannier.

λύγος, οἰσύα *et* ἰτέα, saule, osier.
• ῥίψ, branche d'osier. ═ ῥαπίς 59.
Πλέκω, entrelacer ; tresser, natter.
• ἄρριχος, γύργαθος, panier, corbeille.
χάλαθος *et* χάνης, panier, corbeille.
χάρταλλος, petite corbeille.
χίστη *et* χόφινος, panier, corbeille.
• λάρχος *et* σπυρίς, corbeille, panier.
• σαργάνη, panier ; nasse, 92.
φορμός, panier, corbeille (φέρω 93).

Verrier.

ὕαλος, verre ; cristal ; — succin.
χρύσταλλος, glace, 3 ; CRISTAL.
τήκω (ταχ), liquéfier : amollir. ═ τέγγω 94.
φυσάω, souffler : respirer, exhaler (φύω, *onom.* F. souf-
    fler, 1).
λάγηνος, bouteille.
φιάλη, FIOLE, carafe, bouteille.

FIN.

TABLE ALPHABÉTIQUE

DES MOTS PRINCIPAUX CONTENUS DANS CET OUVRAGE.

κέρχος 10.	κνάπτω 85.	κόσκινον 75.	κυβερνάω 64.	λάγος 11.
κερχνὸς 25.	κναω 46.	κοσμὸς 1.	κύβη 17.	λαγχάνω 59.
κεστὸς 44.	κνέφας 2.	κόσσυφος 12.	κύβηλις 85.	λαγὼν 18.
κεύθω 35.	κνήμη 20.	κότος 32.	κῦδος 61.	λαῖλαψ 4.
κεφαλή 17.	κνίσσα 50.	κοτύλη 16.	κύδοιμος 55.	λαιμὸς 18.
κῆδος 21.	κνώσσω 23.	κοῦφὸς 81.	κῦδος 69.	λαιὸς 19.
κηλέω 52.	κοιλία 18.	κόφινος 96.	κυέω 38.	λάκκος 7.
κήλη 89.	κοιλὸς 1.	κόχλαξ 8.	κυκάω 93.	λαλέω 22.
κηλὶς 95.	κοιμάω 23.	κόχλω 88.	κύκλος 61.	λαμβάνω 21.
κημὸς 84.	κοινὸς 35.	καρύα 76.	κύκνος 13.	λάμυρος 28.
κῆπος 76.	κοίρανος 40.	κράζω 12.	κύλιξ 49.	λάμπω 1.
κὴρ 19.	κοίτη 23.	κραίνω 82.	κυλίω 64.	λανθάνω 26.
κηρὸς 78.	κόκκος 94.	κράνιον 17.	κυλλὸς 25.	λαὸς 36.
κήρυξ 39.	κολάζω 59.	κράστις 72.	κῦμα 5.	λαπάζω 90.
κῆτος 11.	κόλαξ 29.	κρατήρ 51.	κύμβη 63.	λάπτω 71.
κίβδης 91.	κολάπτω 35.	κράτος 39.	κύμβος 6.	λαρινὸς 17.
κίβησις 54.	κόλλα 95.	κρέας 50.	κυνέω 62.	λάρναξ 43.
κιβωτὸς 43.	κόλλοψ 87.	κρείσσων 40.	κύπα 49.	λάσθη 22.
κιθάρα 52.	κολεὸς 66.	κρέχω 52.	κυπάρισσος	λάσιος 11.
κίχινος 45.	κόλλυρα 84.	κρέω 40.	9.	λάσκω 22.
κίνδαλος 86.	κολοιὸς 12.	κρημνὸς 6.	κύπαρος 49.	λάτρης 41.
κινδυχός 66.	κόλον 50.	κρήνη 96.	κύπελλον 49.	λαφύσσω 30.
κινέω 88.	κολοφὼν 42.	κρηπὶς 45.	κύπτω 20.	λαχαίνω 76.
κινύρομαι 34	κολπὸς 38.	κρίζω 12.	κῦρος 39.	λάχνη 18.
κίρχος 60.	κολύμβάω 13.	κριθὴ 74.	κυρτὸς 25.	λάω 22.
κίρσος 89.	κόλωνὸς 6.	κρίνου 78.	κύρω 55.	λέβης 46.
κισσὸς 10.	κολώτης 14.	κρίνω 59.	κῦτος 48.	λέγω 22.
κιστη 96.	κομέω 45.	κριὸς 71.	κυφὸς 25.	λεία 35.
κιχέω 55.	κομή 45.	κρόταφος 17.	κυὼν 11.	λείβω 63.
κίχλη 12.	κομμὸς 45.	κρότος 53.	κώδων 71.	λεῖος 53.
κίω 53.	κόμπος 28.	κρουνὸς 6.	κώθων 49.	λείπω 68.
κίων 41.	κομψὸς 45.	κρούω 53.	κωκύω 34.	λείριον 78.
κλάδος 9.	κόναβος 4.	κρύος 3.	κῶλον 19.	λείχω 71.
κλάζω 12.	κόνδυλος 20.	κρύπτω 35.	κωλύω 68.	λέκιθος 73.
κλαίω 34.	κονέω 41.	κρύσταλλος 3	κώμη 40.	λέχος 49.
κλάω 65.	κόνις 46.	κράδυλος 45.	κῶμα 23.	λέπος 9.
κλείω 42.	κόντος 64.	κρώζω 12.	κῶμος 49.	λεπτὸς 25.
κλέπτω 35.	κόπρὸς 72.	κρώβίον 74.	κώμυς 85.	λέσχη 51.
κλῆμα 75.	κόπτω 84.	κρωσσὸς 63.	κῶδος 61.	λευκὸς 43.
κλῆρος 58.	κόραξ 12.	κτάομαι 57.	κώνωψ 16.	λεύσσω 20.
κλίβανος 47.	κορέω 41.	κτείνω 69.	κώπη 64.	λέχριος 60.
κλίμαξ 42.	κόρη 17.	κτεὶς 45.	κῶς 87.	λεχὼ 24.
κλίνη 43.	κορθὸς 75.	κτέρεα 21.	κωτιλὸς 51.	λέων 11.0.
κλίνω 37.	κόρος 50.	κτηνὸς 73.	κωφὸς 25.	λήγω 83.
κλόνος 55.	κόρρη 17.	κτίζω 88.		λήϊον 74.
κλύζω 47.	κόρυμβος 6.	κτίλος 71.	Λ.	ληκέω 4.
κλύω 20.	κορύπτω 71.	κτύπος 4.		λήκυθος 49.
κλώζω 12.	κόρυς 65.	κύαθος 49.	λᾶας 8.	λῆμα 30.
κλώθω 87.	κορυφή 6.	κυαμὸς 75.	λαβρὸς 30.	λῆρος 76.
κλὼν 9.	κορώνη 12.	κύανος 44.	λάγνος 96.	λῆρος 26.

λιάζω 55.	μάγος 85.	μέλδω 91.	μόθος 83.	νάχος 87.
λίαν 39.	μαδάω 3.	μέλει 41.	μοιχὸς 30.	ναὸς 62.
λίβανος 9.	μαδὸς 25.	μέλεος 33.	μολέω 53.	νάπος 6.
λίγδος 93.	μάζα 84.	μέλι 78.	μόλος 83.	νάρθηξ 92.
λιγνὺς 47.	μάζος 38.	μελία 9.	μολύνω 46.	νάρχη 14.
λιγὺς 51	μαίνομαι 32.	μέλλω 29.	μόγος 38.	νάρχισσος 78
λίθος 8.	μαίρω 2.	μέλος 19.	μορμύρω 7.	νάσσω 95.
λιχμὸς 75.	μάχαρ 61.	μελπώ 52.	μόρμω 53.	ναῦς 63.
λιλαίομαι 31.	μάχελλα 74.	μέμφομαι 58	μόρος 58.	νάω 7.
λιμὴν 5.	μαλάχη 90.	μένος 30.	μορύσσω 46.	νεβρὸς 11
λίμνη 7.	μάλη 19.	μένω 68.	μορφὴ 16.	νεῖχος 29.
λιμὸς 50.	μαλλὸς 72.	μέρδω 58.	μόσχος 70.	νέχταρ 62.
λίνον 75.	μαλὸς 15.	μέριμνα 34.	μοῦσα 52.	νεχὺς 21.
λιπαρὴς 59.	μανθάνω 59	μερμαίρω 34.	μόχθος 83.	νέμεσις 32.
λίπος 17.	μάνος 95.	μεστὸς 49.	μόχλος 88.	νέμω 40.
λῖς 46.	μάντις 62.	μετὰ 36.	μυδάζομαι	νέος 37.
λίσσομαι 62.	μαραίνω 89.	μέταλλον 7.	32.	νεοσσὸς 73.
λισσὸς 53.	μάργαρον 83	μέταξα 91.	μυδάω 3.	νεῦρον 17.
λίστρον 95.	μάρχος 26.	μετέωρος 3.	μυελὸς 16.	νενὼ 23.
λίτομαι 62.	μάρη 19.	μέτρον 79.	μυίω 62.	νέφος 3.
λιτὸς 25.	μάριλα 47.	μέτωπον 17.	μύζω 24.	νεφρὸς 19.
λίτρα 81.	μαρμαίρω 2.	ῥῆδος 26.	μῦθος 22.	νέω, νήθω
λιχνὸς 29.	μάρναμαι 68	μηκάομαι 70	μυκάομαι 70	87.
λοιγὸς 21.	μάρπτω 21.	μῆκος 79.	μύκης 10.	νέω 54.
λοίδορός 28.	μάρσυπος 54	μήκων 78.	μυχτὴρ 18.	νὴ 27.
λοιμὸς 89.	μάρτυρ 58.	μῆλον 70, 77	μύχων 75.	νηδὺς 18.
λοῖσθος 57.	μασάομαι 50	μὴν 2.	μύλη 91.	νήπιος 36.
λοξὸς 60.	μάσσω 46.	μήνη 1.	μῦμαρ 70.	γηρὸς 14.
λούω 45.	μάστιξ 84.	μηνύω 55.	μύνη 29.	νῆσος 5.
λόφος 6.	μαστὸς 38.	μήρινθος 92.	μύριοι 60.	νῆσσα 13.
λόχος 65.	μασχάλη 19.	μηρὸς 20.	μύρμηξ 16.	νῆστις 50.
λύγη 2.	ματέω 31.	μηρύκω 70.	μύρον 91.	νήφω 27.
λύγος 96.	μάτην 55.	μηρύω 88.	μύρτος 78.	νήχω 14.
λύζω 34.	μαῦρός 2.	μήτηρ 38.	μύρω 7.	νίχη 69.
λύθρον 69.	μάχλος 30.	μῆτις 26.	μῦς 11.	νίτρον 8.
λύκος 11.	μάχομαι 68.	μηχάνη 83.	μυσάττομαι	νίψ 4.
λῦμα 45.	μάψ 55.	μιαίνω 34.	32	νόθος 38.
λύμη 89.	μάω 31.	μιγνύω 93.	μῦσος 34.	νομίζω 26.
λύπη 83.	μεγαίρω 32.	μικρὸς 37.	μύσσω 24.	νόμος 58.
λύρα 52.	μέγαρον 42.	μίλτος 92.	μυτίς 17.	νόος 25.
λύσσα 89.	μέγας 37.	μῖμος 53.	μυχὸς 5.	νόσος 88.
λύχνος 43.	μέδιμνος 80.	μίνυος 37.	μύω 62	νόστος 54.
λύω 69.	μέθω 40.	μισθὸς 41.	μῶχος 28.	νόσφι 68.
λώβη 28.	μέθυ 51.	μῖσος 32.	μῶλος 68.	νοτὶς 3.
λωφάω 83.	μειδάω 33.	μιστύλλω 50.	μῶμος 70.	νότος 4.
	μείραξ 37.	μίτος 95.	μῶρος 26.	νύμφη 37.
M.	μείρω 58.	μνᾶ 81.		νυὸς 39.
	μείων 37.	μνάω 26, 37.	N.	νῦν 3.
μάγγανον 85	μέλαθρον 42.	μνίον 10.		νὺξ 2.
μάγειρος 46	μέλας 43.	μόγος 83.	ναίω 41.	

FIN DE LA TABLE ALPHABÉTIQUE.

TABLE DES MATIÈRES.

NATURE.

ÉTAT SOCIAL.

FIN DE LA TABLE DES MATIÈRES.

www.ingramcontent.com/pod-product-compliance
Lightning Source LLC
Chambersburg PA
CBHW060601100426
42744CB00008B/1272